María:
madre de Jesús, madre nuestra

Guía para el descubrimiento individual o en grupo

Kevin Perrotta

LOYOLA PRESS.
UN MINISTERIO JESUITA
Chicago

LOYOLA PRESS.
UN MINISTERIO JESUITA

3441 N. Ashland Avenue
Chicago, Illinois 60657
(800) 621-1008
www.loyolapress.com

De acuerdo al canon 827, la aprobación para publicar fue concedida el 9 de Septiembre de 2011 por Monseñor John Canary, Vicario General de la Arquidiócesis de Chicago. La aprobación para publicar es una declaración oficial de la autoridad eclesiástica competente en la que se establece que el material está libre de error doctrinal y moral. No se asumen responsabilidades legales por la concesión de esta aprobación.

Título original en inglés: *Mary: Jesus' Mother—and Ours.* Traducción al castellano de Santiago Cortés-Sjöberg.

Diseño interior a cargo de Kay Hartmann / Communique Design
Ilustración de Anni Betts

ISBN-13: 978-0-8294-3616-7
ISBN-10: 0-8294-3616-2

Impreso en los Estados Unidos de América
11 12 13 14 15 16 Bang 10 9 8 7 6 5 4 3 2 1

Índice

Cómo usar esta guía

El enfoque que damos a este libro es el de un *descubrimiento guiado*. Es *una guía* porque todos necesitamos apoyo a la hora de entender la Sagrada Escritura y reflexionar acerca de lo que esta significa en nuestras vidas. La Sagrada Escritura fue escrita para ser entendida y utilizada dentro del contexto de la comunidad de fe. Leemos la Biblia *para* nosotros mismos, pero no la podemos llegar a entender sin ayuda de alguien. Así la leamos en grupo o por nuestra cuenta, necesitamos de recursos que nos ayuden a comprenderla. Nuestro enfoque también es uno de *descubrimiento* porque todos necesitamos encontrarnos como individuos con la Sagrada Escritura y reflexionar acerca de su significado en nuestra vida. Nadie puede hacerlo por nosotros.

Este libro está diseñado para darte tanto consejos para entender como herramientas para descubrir. Lo puedes usar en grupo o individualmente.

La introducción ofrece información sobre el contexto del tema para orientarte en nuestra exploración de la vida de la Virgen María, madre de Jesús, según los Evangelios. Después, cada semana, la sección "Explorando el tema" que sigue a la lectura del Evangelio, te ayudará a extraer el significado. Al final de la mayoría de las sesiones hay material suplementario que ofrece más recursos para el entendimiento y la reflexión.

La principal herramienta en esta guía para "descubrir" es la sección "Preguntas para la reflexión y el diálogo" de cada capítulo. La primera pregunta de la sección te llevará a notar cosas en el texto, a agudizar tus poderes de observación y a leer buscando comprender. Las demás preguntas sugieren maneras de comparar a las personas, situaciones y experiencias del texto bíblico con las de tu vida y el mundo actual; es un paso importante para comprender lo que Dios te está diciendo a *ti* mediante las Sagradas Escrituras y cuál debería ser tu respuesta. Elije las preguntas que pienses sean las más apropiadas para tu grupo. Se recomienda encarecidamente que prepares tus respuestas a todas las preguntas antes de que se reúna el grupo.

Te recomendamos prestar especial atención a la última pregunta de cada semana, la denominada "Pregunta principal". Esta pregunta se centra en una cuestión particularmente importante que la lectura saca a relucir y puede que te resulte difícil responderla con rapidez. Asegúrate de que dejas tiempo suficiente para que todos los miembros del grupo puedan dialogar sobre ella.

Otras secciones te animan a realizar un acercamiento activo a la lectura y diálogos bíblicos. Al principio de cada sesión la sección "Preguntas para comenzar" te ayudará a romper el hielo y a hacer que fluya la conversación. Estas preguntas normalmente son livianas y solo guardan una pequeña relación con la lectura. Después de cada lectura bíblica se ofrece la oportunidad a cada persona de compartir una "Primera impresión"; es una oportunidad de expresar una respuesta inicial y personal al texto. Cada sesión termina con una "Oración para concluir", donde se sugiere una manera de expresar a Dios tu respuesta.

¿Cuánto duran las sesiones? Hemos asumido que dispondrán de alrededor de una hora y veinte minutos para dialogar. Si tienen menos tiempo se darán cuenta de que pueden acortar de alguna manera la mayoría de los elementos.

¿Es necesario hacer tareas? Los diálogos te resultarán más beneficiosos si lees los textos semanales y preparas tus respuestas a las preguntas antes de de cada reunión. Si los participantes no pueden prepararse con antelación, entonces durante las sesiones pueden leer en voz alta las secciones "Explorando el tema" a medida que estas aparecen en el libro.

¿Cómo se coordinan las sesiones? No tienes por qué ser un experto en la Biblia para poder coordinar las sesiones. Elige una o dos personas para que faciliten y guíen los diálogos, y pide a todos los miembros del grupo que lean "Sugerencias para el diálogo bíblico en grupos" (páginas 106–108) antes de comenzar.

¿Necesitan todos tener una copia de este libro? ¿Una Biblia? Cada miembro del grupo necesita tener su propia copia de este libro. Contiene los textos bíblicos para la reflexión y el diálogo, por lo que una Biblia no es absolutamente necesaria, aunque a cada persona le resultaría útil tener una. Tú deberías tener, por lo menos, una Biblia a mano durante las sesiones (consulta la página 110 para recomendaciones).

Antes de comenzar, lee las sugerencias para diálogos bíblicos en grupo (página 106) o para el estudio personal (página 109).

María: su mundo y su tiempo

Tras siglos de emplear a patriarcas, profetas, reyes y sabios en su plan de salvación para la humanidad, Dios llegó al punto en el que necesitó a una persona extraordinariamente humilde y de confianza para llevar a cabo una misión crucial. Eligió para esta tarea a alguien que, en el mundo de hoy en día, no tendría años suficientes para obtener una licencia de manejar y a la que ciertamente no se le permitiría viajar sin acompañante a una Jornada Mundial de la Juventud. Estamos hablando, por supuesto, de María de Nazaret.

Lo más interesante de María, a primera vista, es lo poco importante que era. Cuando Dios la llamó la amplitud y profundidad de su experiencia de vida no era que digamos ni muy amplia ni muy profunda. María vivía en un pueblo muy pequeño y poco importante y es probable que no tuviera más de trece años. Era pobre y su familia tan irrelevante que los evangelistas ni siquiera la mencionan. Nadie se sorprendió más que María cuando Dios la llamó para realizar tan importante misión. Dios "se ha fijado en la humildad de su sirvienta", se maravilló María, refiriéndose a su propia situación dentro de la sociedad (Lucas 1:48). María puede haber sido joven y limitada en todos los aspectos observables, pero Dios miró en su interior y supo que era la persona a quien le podía confiar el portar a su hijo en su seno y criarlo.

Y María hizo un trabajo fantástico.

Reflejada en su hijo

¿Cómo sabemos que lo hizo? Bueno, simplemente hay que mirar a Jesús. Hay que reconocer que algunas personas santas tienen padres mediocres. Pero de la integridad, firmeza, compasión y valentía de Jesús se puede extraer la conclusión lógica de que su madre —y su padre putativo— lo criaron bien. También hay que reconocer que Jesús era perfecto por su propia naturaleza: era el Hijo de Dios. Pero a la vez que permaneció siendo verdadero Dios, también se hizo verdaderamente hombre, y por ello creció de una manera normal. Jesús, como cualquier muchacho, aprendió de lo que experimentó y de lo que le enseñaron. Maduró a través de la obediencia y afrontando dificultades (véase Lucas 2:40, 52; Hebreos 5:8). Por tanto, cuando nos lo encontramos en los Evangelios, Jesús refleja tanto a su Padre en el cielo como a su madre y padre putativo en Nazaret. Es fácil imaginarse a los vecinos del pueblo observando a Jesús afrontando una situación y diciéndose mutuamente: "Eso es *exactamente* lo que María habría hecho" o "Me recordó a José cuando dijo eso".

Basándonos en el reflejo de María en su hijo podemos tener la seguridad de que ella cumplió bien su tarea, pero no podemos obtener un sentido claro de ella como persona. Por suerte, los evangelistas narran algunos episodios de su vida. Mateo y Lucas la incluyen en sus Evangelios porque les preocupaba la cuestión de los orígenes de Jesús, y María forma parte de la respuesta. Lucas también muestra interés en María por derecho propio, así como lo hace también Juan. Tanto Lucas como Juan ofrecen una imagen de María como, de alguna manera, el discípulo ideal de Jesús y, ambos la presentan como un don imperecedero para nosotros, sus seguidores. Esto no quiere decir que pintaran un retrato detallado de María, pero lo poco que nos cuentan nos invita a prestarle atención.

Seis episodios en la vida de María

En este libro respondemos a la invitación de los evangelistas. Tenemos, dentro del formato de la serie de *Seis semanas con la Biblia*, seis sesiones en las que hacerlo. Las usaremos para explorar episodios de la vida de María en los Evangelios de Lucas y Juan. Entre sesiones veremos la única escena del Evangelio de Marcos en la que aparece María (Marcos 3:21–35; página 88). Dadas las limitaciones de espacio de este libro, no intentaremos examinar a María en el Evangelio de Mateo; por lo tanto no leeremos acerca de la visita de los Reyes Magos ni de la huída de la Sagrada Familia a Egipto. Para leer acerca de esos acontecimientos quizá quiera leer *Alegría para el mundo*, el libro de Seis semanas con la Biblia sobre Mateo 1–2 y Lucas 1–2: escrito por Louise Perrotta (una confesión: ella es mi querida esposa). También a causa de limitaciones de espacio, no vamos a tratar ni las prefiguraciones de María en el Antiguo Testamento ni su radiante imagen en el libro del Apocalipsis (Apocalipsis 12:1–17). Sin embargo, sí trataremos aspectos de la vida de María que los Evangelios no tratan explícitamente: el haber sido concebida sin el desorden del pecado original, el haber mantenido siempre su virginidad, el haber sido asunta al cielo al terminar su vida y su papel maternal en la familia de los seguidores de Jesús.

El mundo en el que vivió

Para tener una visión completa de María resulta útil saber algo del mundo en el que vivió. Comencemos con la geografía. La ciudad natal de María, Nazaret, era un pueblo agrario situado en la ladera de una colina en el norte de Palestina, en la región llamada Galilea. A unas diez millas de distancia, en la siguiente cadena de colinas hacia el norte, está Caná, otro pueblo de granjeros en donde María y Jesús participaron en una boda. En la época de María, si viajabas desde Nazaret y Caná para visitar el resto de Galilea, te encontrarías con pueblos parecidos. Galilea era una zona rural, con sólo dos o tres pequeñas ciudades; era un lugar bastante rústico.

Veremos a María viajar a Jerusalén y a Belén. Ambos lugares estaban a unas ochenta o noventa millas al sur de Nazaret. Jerusalén era la capital histórica de los judíos y donde se encontraba el Templo, lugar central del culto judío. Belén, una ciudad más pequeña, estaba solo a cinco millas al sur de Jerusalén. Y justo al oeste de Jerusalén se encontraba probablemente el pueblo sin nombre de Judea en donde María visitó a su pariente Isabel.

Lo más probable es que María viajara a estos lugares caminando, ya que a pie es como la mayoría de la gente viajaba en aquellos tiempos. Como cualquier campesina de su época, María, sin lugar a dudas, debió de caminar mucho en su vida. Si intentamos imaginarnos sus viajes con José a Belén o Jerusalén, o incluso a Egipto ida y vuelta, probablemente deberíamos olvidarnos de la imagen de María viajando en burro.

El trabajo que realizó

Desde la colina donde se encuentra Nazaret puedes ver las mejores tierras de Israel: la planicie del valle de Esdrelón o Yizreel. Durante miles de años en las ricas tierras de este valle se han cultivado abundantes cosechas de cebada y trigo. Los habitantes del Nazaret del siglo I eran demasiado pobres como para ser dueños de tan codiciados terrenos. En las laderas de su colina la capa de tierra es muy fina y la roca madre se asoma aquí y allá. No tenían una vida muy fácil; luchaban con aquellas tierras para ganarse la vida.

La estrategia de supervivencia de los nazarenos consistía en construir terrazas en las laderas de las colinas. Por lo menos existía una abundancia de piedras con las que construirlas. Los habitantes rompían las piedras en trozos del tamaño y forma de una pelota de fútbol americano y construían muros bajitos tras los que echaban capas de grava y tierra fértil. La tierra había que subirla por la colina en cestos acarreados por burros o llevados sobre la cabeza. Las terrazas de poca profundidad eran suficientes para cultivar cereales y viñas. Las de más profundidad se necesitaban para los olivos e higueras. Para verduras y fríjoles, que necesitan más agua, los campesinos tallaban las terrazas directamente en la roca madre, creando algo así como unas jardineras grandes y planas. En la parte alta de las colinas tallaban depósitos para recoger el agua de la lluvia y excavaban pequeños canales de irrigación que llegaban hasta las terrazas colina abajo, y así guiar el agua hasta las raíces de las plantas. Era una manera de cultivar que requería un trabajo muy intenso. Pero, aparte de las rocas, el único recurso que los residentes de Nazaret tenían a su disposición era su propio trabajo.

José, María y Jesús participaron, indudablemente, en este trabajo. José, y Jesús después que él, era el carpintero del pueblo (Marcos 6:3). Pero en un pueblo pequeño —Nazaret tenía, quizá, cuatrocientos habitantes— no había suficiente negocio como para que los artesanos se dedicaran a sus oficios a tiempo completo. Un hombre quizá dedicaba parte de su tiempo a su especialidad como carpintero, otro a trabajar con el cuero o haciendo ollas o criando palomas, pero todos participaban en la construcción de terrazas y la irrigación, en plantar y cosechar y en cuidar del ganado. José se habría dedicado al cultivo como todos los demás. María habría pasado horas en las laderas de las colinas junto con las otras mujeres del pueblo, regando las lentejas, pastando las cabras y haciendo caer al suelo las aceitunas maduras durante la época de la cosecha. Entre las terrazas donde crecían las uvas los campesinos tallaron en la roca un agujero ancho y no muy profundo en donde prensar las uvas para hacer vino. Nos podemos imaginar ahí a Jesús, pisando uvas y cantando canciones típicas de la cosecha junto con otros jóvenes de Nazaret.

El hogar y la familia

Los residentes de Nazaret a duras penas sobrevivían. Basándonos en lo que han encontrado los arqueólogos, podemos decir que ninguno era rico. Los habitantes vivían en pequeñas casas de una o dos habitaciones, de paredes de piedra y techos de paja. Los pisos de las casas, construidas directamente sobre la roca, eran de piedra áspera. Las bodegas estaban conectadas entre sí por medio de túneles. En algunos casos excavaban en la piedra una segunda o incluso tercera bodega. Los nazarenos guardaban en estas cámaras subterráneas sus cereales, fríjoles, higos y jarras de aceite y vino.

Las casas tenían pequeños patios interiores donde las familias trabajaban, cocinaban y comían. En uno de estos patios unos arqueólogos han encontrado unos pequeños agujeros hechos en la roca donde se encajaba la prensa para extraer el aceite de las aceitunas.

En la Palestina del siglo I la unidad social elemental era la familia extensa —el padre y la madre, sus hijos casados con sus esposas e hijos y otros parientes—. Los miembros de cada familia extensa tendían a vivir en proximidad. Puede ser que los artistas dibujen a María, José y Jesús viviendo en un lugar amplio y aislado, pero lo más probable es que vivieran en una casa pequeña, con miembros de su familia extensa viviendo cerca de ellos.

En Nazaret no había una panadería. Cada casa habría tenido su propio horno. Los arqueólogos han descubierto uno; un nicho semicircular excavado en la ladera rocosa. María, como las demás mujeres del pueblo, habría tenido que usar su horno diariamente para hacer el pan de cada día para su familia.

Por tanto, si queremos imaginarnos el entorno de la vida de María, debemos pensar en un pueblo de casas pequeñas construidas unas junto a otras, con gente viviendo en espacios reducidos y con ovejas y cabras deambulando alrededor; un lugar ajetreado, ruidoso, oloroso y social. Hoy en día existen muchos pueblos así en los países en vías de desarrollo.

Una mujer del Salmo 1

¿Qué podemos saber de María a partir de la cultura de esa época? La probabilidad de que una niña pobre del Nazaret del siglo I supiera leer es muy baja. María vivía en una sociedad en la que muy pocas personas sabían leer, y casi ninguna de ellas eran mujeres, y mucho menos campesinas. Pero esto no quiere decir que no hubiera recibido una educación. La Sagrada Escritura era leída y explicada los Sabbats. Los peregrinajes habituales al Templo en Jerusalén eran una oportunidad para aprender. Como veremos más tarde, Lucas presenta a María teniendo un conocimiento considerable de la Sagrada Escritura, así como una sensibilidad para responder a ella guiada por el Espíritu. Me gusta pensar en María como una "mujer del Salmo 1": escuchaba la ley del Señor con gozo; se acordaba de ella y meditaba en ella día y noche (véase Salmo 1:2).

Como se mencionó anteriormente, María puede que no tuviera más de trece años cuando se le apareció el ángel Gabriel. Era habitual que las familias acordaran el matrimonio de una hija cuando esta alcanzaba la pubertad. El desposorio constituía un compromiso matrimonial, pero se acostumbraba que la joven siguiese viviendo en la casa de sus padres un año más antes de mudarse a la de su marido y consumar el matrimonio. Es durante ese año del desposorio que nos encontramos con María en el Evangelio de Lucas.

Documentos y tradición

Además de los Evangelios, ¿nos dicen algo otras fuentes acerca de la vida de María? Quizá un poco, pero es difícil evaluar su veracidad. La fuente de información más antigua, del siglo II, es una breve narración llamada *Protoevangelio de Santiago*, en la cual se habla de los padres de María, de su infancia y de sus primeros años con José. Es posible que este documento contenga rastros de tradiciones históricas. Este documento presenta a Jesús naciendo en una cueva, un detalle respaldado por los escritos de un cristiano palestino del siglo II llamado Justino. También da el primer testimonio de la virginidad perpetua de María. Pero el *Protoevangelio* no es una fuente fidedigna sobre la cual se pueda elaborar un retrato de María. En algunos puntos clave está en conflicto con los Evangelios. Los padres de María, por ejemplo, son presentados como extremadamente ricos, mientras que Lucas describe a María y José como bastante pobres. El documento hace hincapié en que José y María no estaban casados, mientras que Mateo y Lucas dejan claro que eran marido y mujer. El *Protoevangelio* demuestra confusiones en cuestiones históricas, como en lo referente a costumbres judías, y contiene elementos aparentemente imaginarios. Aunque algunos de los detalles del *Protoevangelio* han pasado a formar parte de la tradición cristiana, la Iglesia primitiva excluyó al *Protoevangelio* del Nuevo Testamento.

Aunque nos faltan otras fuentes escritas antiguas sobre la vida de María, algunos elementos de la tradición de la Iglesia, aunque no aparecen en los Evangelios, sin embargo sí amplían y profundizan nuestro concepto de María. Examinaremos algunos de estos elementos a lo largo de este libro.

Una última nota antes de comenzar. Lucas y Juan nos han dejado unas narraciones en miniatura de los acontecimientos de la vida de María. Comparadas con una crónica periodística o relato corto de hoy en día, sus narraciones son muy pobres. Los evangelistas han llegado al corazón de los acontecimientos de la forma más sencilla y directa posible. Esto resulta útil para nuestro entendimiento, pero a la vez significa que nos faltan muchos de los detalles que quizá esperásemos o quisiésemos tener. Por tanto, debemos usar nuestra imaginación. En las secciones "Explorando el tema" he hecho algo de reflexión creativa sobre cómo hubo podido ser que se hubieran desarrollado los acontecimientos. Pero mis ideas son simplemente sugerencias. Queda en tus manos, amable lector, el imaginarte las escenas por ti mismo para así poder ver a María de Nazaret con mayor claridad y profundidad.

Primera semana

ANUNCIOS ANGELICALES

Preguntas para comenzar

10 minutos
Elijan una o dos preguntas para prepararse para la lectura.

1 ¿Cuál es tu cuadro o imagen favorita de María?

2 ¿Has sentido alguna vez la presencia de un ángel?

Dios nuestro, que quisiste que tu Hijo,
al encarnarse en el seno de la Virgen María
participara en toda nuestra condición humana,
concede a quienes lo reconocemos
como Dios y hombre verdadero,
participar, por medio de la gracia, de su vida divina.
Por nuestro Señor Jesucristo.

Oración colecta, Misa de la Anunciación del Señor.

Abriendo la Biblia

10 minutos
Lean en voz alta el pasaje. Permite que las personas se tomen turnos leyendo los párrafos.

El contexto

Lucas comienza su Evangelio contándonos dos anuncios angelicales. Existen varias similitudes entre las dos escenas, y las similitudes sirven para poner de relieve las diferencias. ¿Qué similitudes y qué diferencias ves? ¿Qué significado tienen?

Lectura: Lucas 1:5–38

¡Una mujer anciana tendrá un hijo!

1:5 En tiempo de Herodes, rey de Judea, había un sacerdote, llamado
Zacarías, del grupo de Abías; su mujer era descendiente de Aarón y
se llamaba Isabel. 1:6 Los dos eran rectos a los ojos de Dios y vivían
irreprochablemente de acuerdo con los mandatos y preceptos del
Señor. 1:7 No tenían hijos, porque Isabel era estéril y los dos eran de
edad avanzada. 1:8 Una vez que, con los de su grupo, oficiaba ante
Dios, 1:9 según el ritual sacerdotal, le tocó entrar en el santuario para
ofrecer incienso. 1:10 Mientras todo el pueblo quedaba fuera orando
durante la ofrenda del incienso, 1:11 se le apareció un ángel del Señor,
de pie a la derecha del altar del incienso. 1:12 Al verlo, Zacarías se
asustó y quedó desconcertado. 1:13 El ángel le dijo: —No temas,
Zacarías, que tu petición ha sido escuchada, y tu mujer Isabel te dará
un hijo, a quien llamarás Juan. 1:14 Te llenará de gozo y alegría y
muchos se alegrarán de su nacimiento. 1:15 Será grande a los ojos del
Señor; no beberá vino ni licor. Estará lleno de Espíritu Santo desde el
vientre materno 1:16 y convertirá a muchos israelitas al Señor su Dios.
1:17 Irá por delante, con el espíritu y el poder de Elías, para reconciliar
a padres con hijos, a los rebeldes con la sabiduría de los honrados;
así preparará para el Señor un pueblo bien dispuesto. 1:18 Zacarías
respondió al ángel: —¿Qué garantía me das de eso? Porque yo soy
anciano y mi mujer de edad avanzada. 1:19 Le replicó el ángel: —
Yo soy Gabriel, que sirvo a Dios en su presencia: me ha enviado a
hablarte, a darte esta Buena Noticia. 1:20 Pero mira, quedarás mudo
y sin poder hablar hasta que eso se cumpla, por no haber creído
mis palabras, que se cumplirán a su debido tiempo. 1:21 El pueblo
aguardaba a Zacarías y se extrañaba que se demorase en el santuario.

1:22 Cuando salió, no podía hablar, y ellos adivinaron que había
tenido una visión en el santuario. Él les hacía señas y seguía mudo.
1:23 Cuando terminó el tiempo de su servicio, volvió a casa. 1:24 Algún
tiempo después concibió Isabel su mujer, y se quedó escondida cinco
meses, en ese tiempo pensaba: 1:25 —Así me ha tratado el Señor
cuando dispuso que terminara mi humillación pública.

¡Una virgen tendrá un hijo!

1:26 El sexto mes envió Dios al ángel Gabriel a una ciudad de Galilea
llamada Nazaret, 1:27 a una virgen prometida a un hombre llamado
José, de la familia de David; la virgen se llamaba María. 1:28 Entró el
ángel a donde estaba ella y le dijo: —Alégrate, llena de gracia, el Señor
está contigo. 1:29 Al oírlo, ella quedó desconcertada y se preguntaba
qué clase de saludo era aquél. 1:30 El ángel le dijo: —No temas, María,
que gozas del favor de Dios. 1:31 Mira, concebirás y darás a luz un hijo,
a quien llamarás Jesús. 1:32 Será grande, llevará el título de Hijo del
Altísimo; el Señor Dios le dará el trono de David, su padre, 1:33 para
que reine sobre la Casa de Jacob por siempre y su reino no tenga fin.
1:34 María respondió al ángel: —¿Cómo sucederá eso si no convivo
con un hombre? 1:35 El ángel le respondió: —El Espíritu Santo vendrá
sobre ti y el poder del Altísimo te cubrirá con su sombra; por eso,
el consagrado que nazca llevará el título de Hijo de Dios. 1:36 Mira,
también tu pariente Isabel ha concebido en su vejez, y la que se
consideraba estéril está ya de seis meses. 1:37 Pues nada es imposible
para Dios. 1:38 Respondió María: —Yo soy la sirvienta del Señor: que
se cumpla en mí tu palabra. El ángel la dejó y se fue.

Primera impresión

5 minutos
Menciona brevemente una pregunta que tengas sobre la lectura o algo en ella que te haya sorprendido, impresionado, deleitado o retado. ¡No hablen sobre ello! Simplemente escuchen las reacciones de cada uno.

Explorando el tema

Si los asistentes no han leído todavía esta sección, léela en voz alta. De otra manera, vayan directamente a "Preguntas para la reflexión y el diálogo".

Una sorpresa para Zacarías

Lucas 1:5–25. Es la hora de realizar el sacrificio de la tarde. Un fuego parpadeante corona el altar alto y al aire libre situado frente al Templo. La multitud comienza a entonar oraciones. Un anciano, el sacerdote Zacarías, sube los peldaños de la entrada del Templo, pasa por las cortinas adornadas de la entrada y se pierde de vista.

Dentro de la cámara tenuemente iluminada, Zacarías deja caer unos pocos granos de incienso sobre las brasas ardientes de otro altar más pequeño. Una nube de humo brota y se eleva. . . ¡y un ángel se aparece!

Lucas no describe al ángel, pero lo sobrecogedor de su figura se refleja en la reacción del sacerdote: queda aterrorizado. El ángel, sin embargo, no ha venido a proclamar aflicción, sino a transmitir buenas noticias. La anciana esposa de Zacarías va a tener un bebé. "¿Isabel? Pero eso es *imposible*", piensa el viejo sacerdote. A medida que escucha la descripción que hace el ángel del futuro del niño, su miedo disminuye y empieza a sentir escepticismo. Cuando el ángel ha terminado de hablar Zacarías de hecho le pregunta: "¿Cómo sé que lo que me estás diciendo es verdad?".

Uno se puede imaginar al ángel abriendo sus ojos como platos. "Traigo un mensaje de *Dios*" —declara— "y *tú* te quedarás mudo hasta que se haga realidad". Si el viejo sacerdote quería una señal que confirmara el mensaje del ángel, ahí la tiene. El sacerdote sale a tropezones hasta los escalones y gesticula a la muchedumbre que allí esperaba, intentando así comunicarles el encuentro que acababa de vivir.

Esto es sorprendente. Lo que sigue lo es aún más.

Cambia la historia

Lucas 1:26–38. Imagínate que estás viendo un documental sobre algún momento clave de la historia de los Estados Unidos. En las primeras escenas ves a miembros del gobierno hablando muy seriamente en la Casa Blanca. De repente la escena cambia a una casa-caravana en un pequeño pueblo de Arkansas y ves a una jovencita tarareando una canción mientras baña a su perro.

Pero, *¿qué es esto?*, te preguntas. *¿Se ha mezclado un video personal de "YouTube" con el documental? ¿Qué tiene que ver esta niña con una crisis nacional?*

Es posible que alguien que esté leyendo este pasaje bíblico por primera vez y pase la página donde se narra el encuentro de Zacarías con el ángel se sienta igualmente sorprendido. El imponente templo y el sacerdote anciano desaparecen. La escena pasa de tener lugar en la histórica ciudad de Jerusalén a hacerlo en un remoto pueblo en la ladera de una montaña. En el interior de una pequeña casa de tejado de paja aparece la imagen de una muchacha muy joven. Es posible que el lector se pregunte: *"¿Es esta la misma historia?"*.

De hecho, el encuentro de Zacarías y el ángel era simplemente una introducción. La verdadera historia comienza aquí.

La visita de Gabriel

Lucas, a medida que presenta a la joven, hace hincapié en el humilde lugar que esta ocupaba en su sociedad al no mencionar nada acerca de su familia —de hecho omite su apellido— y la identifica simplemente como "María". Y sin embargo, Dios le ha enviado también a ella a Gabriel; y el ángel se dirige a ella con mayor respeto que como lo hizo con Zacarías, diciéndole: *"Gozas del favor de Dios"*.

María queda sorprendida, no por el ángel sino por el saludo: "Llena de gracia". ¿Había saludado Dios antes así a un ángel o a alguna otra persona? En las Sagradas Escrituras, ¡a nadie! Algunos personajes del Antiguo Testamento habían disfrutado del favor de Dios, por ejemplo, Noé y Moisés, pero estos habían sido llamados a cumplir papeles clave en los designios de Dios (Génesis 6:8; Éxodo 33:12). ¿Y qué se puede decir del resto del saludo del ángel: "El Señor está contigo"? Eso era algo que se decía a los soldados antes de entrar en batalla; quería decir: "¡Sé valiente! ¡Dios te ayudará!". Fue lo que Saúl le dijo a David antes de que este se enfrentase a Goliat (véase 1 Samuel 17:37). ¿Qué podría significar el saludo del ángel sino el que María iba a recibir una misión grandiosa y difícil? María sabe su Biblia y su mente procesa la información con rapidez. En un instante María queda perpleja y asustada.

"Deja de estar asustada", le dice el ángel a María (ese es el matiz en el griego original). "Darás a luz a un hijo que será la salvación de su pueblo".

Lo que María no dice en respuesta a este sorprendente anuncio es muy revelador. No le pregunta al ángel qué es lo que quiere decir, probablemente porque, como judía devota que era, María está familiarizada con las promesas divinas que el ángel le ha indicado se van a cumplir ahora. Tampoco intenta evadir la responsabilidad, a diferencia de Moisés junto a la zarza ardiente, quién presentó numerosas objeciones a la llamada de Dios y finalmente le suplicó a Dios que eligiera a otra persona (Éxodo 3:10—4:13). María ni siquiera se muestra asombrada por el hecho de que Dios la haya elegido a *ella*. No hay ningún "Pero, ¿quién soy yo para esto?" o un "Debes estar bromeando", quizá porque para ella el cimiento de su vida ya era el saber que la gracia de Dios estaba con ella. Sobre todo, a diferencia de alguien sobre el que acabamos de leer, ella no preguntó: "¿Cómo sé que lo que me estás diciendo es verdad?".

Una pregunta y una respuesta

Sin embargo, María sí tiene una pregunta. La llamada de Dios, tal y como la comunicó el ángel, parece ser urgente: "Tú *concebirás*. . . tú *darás a luz*. . . tú *llamarás*. . .". El anuncio suena como una llamada a la acción inmediata. María es bien consciente de que Dios no da órdenes para que se realicen más adelante. ¿Acaso le dijo a Noé: "En un año más o menos quiero que comiences a construir un arca"? María se siente obligada a llevar inmediatamente a cabo el mandato divino, pero ¿cómo? Sólo está prometida y la boda no tendrá lugar hasta dentro de un tiempo. Está lista para hacer lo que Dios quiera, pero ¿qué es lo que quiere?

El ángel le explica que concebirá un bebé mediante el poder del Espíritu de Dios. Esto responde a la pregunta de María con un asombroso misterio sobre el cual meditar: su hijo no solo será el salvador esperado de su pueblo, sino que será el Hijo de Dios de una manera única. Pero ahora no es el momento de meditar sino de decidir. A María se le ha dicho lo que Dios va a hacer, pero Dios no la está forzando a colaborar. Ella es libre de declinar. Solo si asiente comenzará a desarrollarse su misión. El ángel espera una respuesta.

"Que se cumpla en mí tu palabra".

La respuesta de María hace eco de lo que el ángel le acaba de decir, ya que su afirmación de que "nada es imposible para Dios" es literalmente algo más como "ninguna *palabra* de Dios estará vacía de poder". Este eco expresa la concordancia perfecta entre la llamada de Dios y la respuesta de María. Ella está totalmente dispuesta a jugar su papel en el plan de Dios. Su respuesta también expresa su creencia en que la palabra de Dios es todopoderosa, que Dios consigue todo lo que decide hacer. Por tanto su simple "Que se cumpla en mí tu palabra" expresa tanto su obediencia como su fe.

Reflexiones sobre la lectura

La respuesta inmediata de María a la llamada de Dios solo podía surgir de un corazón completamente abierto a Dios con anterioridad. Sin embargo, no deberíamos confundir la entrega total con un entendimiento total. Ella es muy joven y hay muchas cosas que todavía no entiende acerca del plan divino en el que ha sido involucrada. El ángel le ha descrito la misión de su hijo usando términos bíblicos. Para un judío piadoso las palabras del ángel podrían indicar que Dios estaba listo para iniciar la liberación nacional que muchos, basándose en su interpretación de la Sagrada Escritura, estaban esperando. Con el tiempo Jesús corregirá esta equivocada interpretación, ya que él ha venido para realizar algo más grande que eso. Sus discípulos tendrán que pasar por el proceso de aprender el significado más profundo de las promesas de Dios a Israel. Probablemente María también tendrá que pasar por este proceso de abandono para captar tanto el sufrimiento como la gloria de los planes de Dios a través de su hijo.

Pero por el momento María está asombrada de lo que acaba de tener lugar, tal y como se lo dirá a Isabel en nuestra lectura de la semana que viene. Y hablando de Isabel, presta atención a las últimas palabras del ángel, las cuales conectan su anuncio a María con su anuncio a Zacarías. Al final el hijo que tendrán Isabel y Zacarías —Juan el Bautista— será quien preparará el camino para el hijo de María: Juan "preparará para el Señor un pueblo bien dispuesto".

Lucas ha descrito dos anuncios angélicos y nos invita a comparar a quienes los recibieron. Uno es un sacerdote respetado de la capital; la otra es aparentemente una jovencita insignificante de un pueblo rural. Dios es sorprendentemente bueno con el sacerdote, pero favorece asombrosamente a la joven. Lucas nos está enseñando algo acerca de Dios sobre lo que merece la pena que reflexionemos cuidadosamente.

También digno de la reflexión son las respuestas humanas. El mismo ángel, Gabriel, se le aparece tanto a Zacarías como a María, pero cada uno responde de manera diferente. Zacarías no puede superar lo que parece ser una imposibilidad, el que su esposa anciana vaya a tener un hijo. María simplemente acepta la declaración del ángel de que no hay nada imposible para Dios. En sus reacciones espontáneas a la aparición inesperada del ángel podemos vislumbrar algo de la relación de cada personaje con Dios. La respuesta de Zacarías es la que podríamos esperar de cualquier persona buena pero a quien; sin embargo, le falta cierta intimidad con Dios. La respuesta confiada y obediente de María surge de un corazón volcado hacia Dios, un corazón que acoge sin reservas la inmensa bondad y fiabilidad de Dios.

Preguntas para la reflexión y el diálogo

45 minutes
Elijan preguntas según su interés y tiempo disponible.

---

1 En la sección "Explorando el tema" se mencionan algunas de las diferencias entre el anuncio a Zacarías y el anuncio a María. ¿Puedes encontrar más? ¿Qué dicen estas acerca de los dos hijos que van a nacer? ¿Qué dicen acerca de María y su relación con Dios?

---

2 Dios podría haber enviado a Gabriel a Zacarías en cualquier momento. ¿Por qué piensan que lo envió cuando Zacarías estaba trabajando en el Templo?

---

3 El que Zacarías se quedara mudo es para él tanto una señal como un castigo. ¿Crees que es un castigo apropiado?

---

4 ¿Te has sentido alguna vez tan alejado de lo que está pasando en el mundo que crees que Dios no puede estar interesado en lo que estás haciendo con tu vida? ¿Cómo puede esta forma de ver las cosas afectar la manera en la que vives tu vida? ¿Qué dice esta lectura acerca de esa forma de ver las cosas?

5 Gabriel visita a Zacarías en un lugar y momento de oración. Aunque podemos imaginarnos a María rezando cuando se le apareció el ángel, también podríamos imaginárnosla —como lo muestran algunas representaciones artísticas— cosiendo o, como lo hace la tradición local nazarena, sacando agua del arroyo del pueblo. Lucas simplemente la presenta estando en Nazaret, un pueblo donde la gente lleva a cabo su vida diaria con normalidad. Compara la llamada de Jesús a Pedro y sus compañeros mientras estos estaban trabajando (Lucas 5:1–11). ¿Cuándo has sido consciente de la presencia de Dios en medio de tus actividades diarias? ¿Qué puede ayudar a una persona a estar atenta a Dios a lo largo del día?

6 Durante esa época la mayoría de las personas habrían pensado que Zacarías, el sacerdote, y no la joven María, era quien tendría algo que decir acerca de Dios y sus designios. ¿Habrían estado en lo cierto? ¿Qué factores hacen que ignoremos la profundidad y sabiduría espiritual de una persona?

7 Presta atención a las referencias que el ángel hace a la acción del Espíritu Santo (versículos 15 y 35). ¿Cómo has sentido al Espíritu Santo? ¿Qué diferencia marca el Espíritu Santo en la vida de una persona? ¿Cómo puede una persona estar abierta a la presencia del Espíritu?

8 La respuesta improvisada de María al sorprendente anuncio del ángel nos deja ver qué tipo de persona era ella. ¿Cuándo has sido testigo de un acontecimiento inesperado que ha hecho que de repente saliera a la luz el verdadero carácter de una persona? ¿Cuándo te ha sucedido esto a ti mismo? ¿Qué aprendiste de esa situación?

9 **Pregunta principal** ¿Qué elemento de la lectura de esta sema es el que más te ha llamado personalmente la atención? ¿Cómo puede que sea ésta la Palabra de Dios que va dirigida a ti también? ¿Cómo podrías responder a ella?

Oración para concluir

10 minutos
Usen esta sugerencia o ¡creen la suya propia!

- El *Ángelus* una oración que tradicionalmente se reza todos los días al mediodía:

Líder: El ángel del Señor anunció
a María.
Respuesta: Y concibió
por obra y gracia del
Espíritu Santo.
Dios te salve, María. . .
Líder: He aquí la esclava del
Señor.
Respuesta: Hágase en mí
según tu palabra.
Dios te salve, María. . .
Líder: Y el Verbo de Dios se hizo
carne.
Respuesta: Y habitó entre
nosotros.
Dios te salve, María. . .
Líder: Ruega por nosotros,
Santa Madre de Dios,
Respuesta: para que seamos
dignos de alcanzar
las promesas de Jesucristo.

Líder: *Oremos.*
Todos: Infunde, Señor,
tu gracia en nuestras almas,
para que, los que hemos
conocido,
por el anuncio del Ángel,
la Encarnación de tu Hijo
Jesucristo,
lleguemos por los Méritos
de su Pasión y su Cruz, a la
gloria de la Resurrección.
Por Jesucristo Nuestro
Señor. Amén.
Gloria al Padre. . .

Una tradición viva

Llena eres de gracia

Los santos nos llevan a Jesús, no a ellos mismos. Si los visitantes al centro de indigentes moribundos de la Madre Teresa de Calcuta comenzaran a alabarla con elogios, ella los detendría diciéndoles algo así como: "Lo que hacemos es la obra de Jesús". Cuando la gente iba al hermano André Bessette en busca de oraciones sanadoras, él les decía que rezaran a san José; de esa manera asociarían la sanación con la intercesión de san José. Y si aún así alguien sugería que las oraciones del hermano André tenían un poder especial, entonces él se irritaba y los regañaba.

No me puedo imaginar a María respondiendo bruscamente a nadie. Pero estoy seguro que nunca intentó atraer hacia sí misma la atención de los demás. Cuando Isabel la felicitó por haber sido elegida para llevar en su vientre al Salvador, María de hecho le respondió: "El Señor me ha favorecido. Bendito sea *él*". Podemos suponer que así fue como les respondió a los demás más tarde cuando se escandalizaron a causa de su hijo. O quizá su respuesta fuera algo como: "¿Bendita? Sí, he recibido muchas bendiciones. Como las han recibido todos aquellos que creen en la Palabra de Dios y lo obedecen" (véase Lucas 11:27–28).

María habría querido que la gente pensara en Dios y en Jesús, porque hacia ellos era a donde ella dirigía sus pensamientos. Eso es lo que vemos en la Anunciación, cuando le dice a Gabriel que está totalmente abierta a lo que Dios tenga preparado para ella. En las escenas de su vida en el Evangelio de Juan podemos ver el sentido de comunión de pensamiento y sentimientos que existía entre ella y su hijo. La vida de María está totalmente enfocada en Jesús y es por ello que María alberga una cierta transparencia que nos hace verlo a él: cuanto más nos fijamos en ella, más claramente vemos a Jesús —y al Padre que la llamó y al Espíritu que la llenó—.

Esta transparencia de María hacia el Señor es especialmente aparente al principio y al final de su vida: al ser concebida sin pecado original y al ser asunta en cuerpo y alma al cielo. Estos aspectos de su vida son a veces denominados "las glorias de María". Pero como no fueron nada que ella misma hiciera, sino dones que Dios le dio, entonces son más bien como una ventana que da a la gloria de Dios. Cuanto más reflexionamos acerca de estos aspectos de su vida, más conscientes somos del amor de Dios, de su amor no sólo por María sino también por todos nosotros.

La Inmaculada Concepción de María

El primero de estos dones a María es denominado "la Inmaculada Concepción" (sobre el segundo, su Asunción al cielo, lee la páginas 104–105). Para entender lo que esto significaba para ella—y lo que significa para nosotros—debemos retroceder y pensar en los acontecimientos que tuvieron lugar al principio de la existencia humana.

Los primeros capítulos de la Biblia nos dicen que Dios creó a la humanidad como algo muy bueno pero que los primeros seres humanos rompieron su relación con Dios. La historia de Génesis 3 simboliza el rechazo del ser humano a confiar en que Dios desea lo mejor para nosotros. Los seres humanos se saltaron los límites de su condición como criaturas y se pusieron a ellos mismos en la posición de crear sus propias normas morales, de decidir lo que era bueno y malo para ellos mismos a pesar de lo que decía la Palabra de Dios. Esta rebelión en contra de Dios creó un tsunami en su interior que hizo que su paz interior se rompiera en mil trozos y que devastó la relación de los unos con los otros. Su armonía interior de mente y corazón, de deseos y voluntades, se desintegró. Sus tendencias naturales, ahora mal dirigidas y mal controladas, comenzaron a guiarlos en dirección equivocada, alejándolos de la vida que Dios había creado para ellos.

La condición "caída" de los primeros humanos se nos ha transmitido a nosotros, sus descendientes. Los teólogos la denominan "pecado original". Este término es una manera abreviada de referirse a "la actual condición interna dividida de la humanidad causada por el pecado cometido por los primeros seres humanos". Puedes leer acerca de esto en la carta de san Pablo a los romanos (Romanos 5:12–21) y en el *Catecismo de la Iglesia Católica* (secciones 390–409). Como lo explica el *Catecismo*, el pecado original es un pecado solo por analogía; no es un acto pecaminoso que cometemos, sino una condición que heredamos (sección 404).

El problema del pecado

El pecado original, junto con sus consecuencias— nuestros pecados específicos en contra de los demás, nuestra vulnerabilidad a ser engañados por el demonio, la inevitabilidad de la muerte— es exactamente de lo que Dios quiere salvarnos al enviar a su Hijo. El hijo adoptó nuestra naturaleza humana para que, como ser humano, pudiera revocar la rebelión de nuestros antepasados y liberarnos de las consecuencias de esta. En lugar del orgullo y la violación de la Palabra de Dios, Jesús demostró humildad y obediencia a Dios. En lugar de desconfiar de Dios, Jesús confió en Dios hasta el punto de dar su vida en la cruz en sumisión al plan del Padre. Ahora que ha muerto y resucitado, Jesús es el camino que cada uno de nosotros puede seguir con arrepentimiento y así entrar en una nueva relación con Dios, la relación que Jesús mismo tuvo con Dios. En esta nueva vida, nuestro desorden interior es corregido y el Espíritu de Dios nos capacita para vivir la vida buena para la cual Dios nos ha llamado a existir. En otras palabras, por medio de Jesús el pecado original es eliminado. Esto no significa que instantáneamente seamos perfeccionados. Pero un cambio fundamental tiene lugar en nuestro interior. Al rectificar nuestra relación con Dios y con nosotros mismos comenzamos un proceso de crecimiento que nos llevará a convertirnos finalmente, en el reino eterno de Dios, en todo aquello que Dios desea que seamos.

Con este trasfondo, podemos captar el significado de la concepción inmaculada de María: Dios permitió que ella experimentase, antes de tiempo, los efectos plenos de la eliminación del pecado original por parte de su hijo. Desde el primer instante de su existencia, María fue preservada del desorden interior que nosotros experimentamos a causa del pecado original. San Pablo declaró que Dios "por medio de Cristo nos bendijo con toda clase de bendiciones espirituales del cielo [y] nos eligió para que por el amor fuéramos consagrados e irreprochables en su presencia" (Efesios 1:3–4). María experimentó antes que nadie, de una manera única, éste ser elegida, éste ser consagrada e irreprochable.

Como María no fue afectada por el pecado original, por eso ella fue completamente libre de elegir entre obedecer o desobedecer a Dios. Y de hecho, con la ayuda de Dios, siempre lo obedeció de corazón. "Por la gracia de Dios, María ha permanecido pura de todo pecado personal a lo largo de toda su vida", declara el *Catecismo*, resumiendo así la tradición católica (sección 493). El propósito de

Dios era que María fuese perfectamente apropiada para su tarea: llevar en su vientre y criar a su Hijo como un ser humano.

Dios también nos eligió a nosotros

La bondad de Dios para con María demuestra su bondad para con todos nosotros. María experimentó de una manera única la gracia de Dios, la cual es su don para todos. Su inmaculada concepción se erige como la ilustración suprema del hecho de que Dios nos ha elegido *a cada uno de nosotros* antes de hacernos existir, con la intención de que cada uno de nosotros viva en comunión con él, en confianza y obediencia. Para alcanzar este objetivo Dios nos ha dado a su Hijo como sacrificio expiatorio que pueda eliminar en nosotros la condición del pecado original, de manera que nos podamos convertir en seres "consagrados e irreprochables en su presencia amorosa".

San Pablo nos anima encarecidamente, diciéndonos: "Queridos míos, sean obedientes como siempre. . . trabajando con temor y temblor en su salvación. Porque es Dios quien, según su designio, produce en ustedes los buenos deseos y quién les ayuda a llevarlos a cabo" (Filipenses 2:12–13). El querer y desear *siempre* lo que Dios quiso y deseó es la gracia que Dios dio a María desde su primer momento. Ese don que ella recibió es un signo de la gracia que Dios nos da cada día. La inmaculada concepción de María es testimonio de la benignidad de Dios, un recordatorio de que tenemos una vida con Dios no porque amamos a Dios, sino porque Dios nos amó primero (véase 1 Juan 4:10).

¿De dónde surgió esta doctrina?

Todo esto no aparece de forma explícita en el Nuevo Testamento. Por lo tanto es justo preguntarse cómo se originó la creencia en la inmaculada concepción de María y qué relación tiene esta con los Evangelios. Lo que pasó, básicamente, es que guiados por el Espíritu, los cristianos reflexionaron sobre María tal y como la presentan los Evangelios. Su cooperación perfecta con Dios —"Que se cumpla en mí tu palabra"— dejó una profunda marca en quienes reflexionaron sobre esto. A medida que los cristianos reflexionaron sobre la historia de María, ciertos detalles parecieron tener un significado muy profundo, sobre todo, el saludo de Gabriel: "Gozas del favor de Dios". En griego esto significa literalmente "habiendo sido favorecida". En las Sagradas Escrituras nadie más es saludado de esta forma; por lo tanto, el saludo implica que María es objeto del favor de Dios de una manera extraordinaria. El ser la más favorecida por Dios solo podía significar que ella era la mayor recibidora de los dones de Dios, el espejo más fiel de la bondad de Dios. Si tenemos en cuenta que la persona en quien descansaba perfectamente el favor de Dios era su propio Hijo (Lucas 3:22) y si María también era altamente favorecida, entonces ella debería de ser parte de alguna manera de la perfecta armonía que existe entre Jesús y el Padre.

Con estas reflexiones convergieron otras originadas desde otro punto de partida: sería apropiado que el Hijo de Dios se hiciese carne siendo concebido por una mujer que era libre de la fallida condición humana. Sería apropiado que la persona que tendría el mayor impacto directo en la formación del Hijo de Dios durante su niñez estuviera totalmente alineada con la voluntad de Dios en todos los niveles de su ser.

Por tanto, en la mente de los primeros cristianos, la idea de que María había sido preservada del pecado original desde el primer momento de su existencia parecía ser algo implícito en el retrato que los Evangelios hacen de ella, en el saludo que le hace Gabriel y en los requisitos de su misión. De hecho, los cristianos, desde oriente a occidente, llegaron a tener la convicción de que María había sido concebida inmaculadamente. En el siglo IV san Efrén de Siria dio testimonio de la inmaculada concepción de María en un himno religioso, declarando que María está libre de cualquier defecto o mancha. En la Palestina del siglo VIII san Juan Damasceno celebró esto en una homilía sobre la Natividad. Los teólogos franciscanos del siglo XIII desarrollaron una forma de declarar que los méritos de la muerte de Cristo habían sido otorgados a María antes de tiempo para prepararla para su papel como madre. En la Iglesia de occidente la festividad anual de la inmaculada concepción de María fue añadida al calendario en el siglo XV. En el siglo XIX el papa Pío IX afirmó que esta tradición de siglos es, sin duda, un elemento esencial de la fe cristiana.

María, danos un corazón tan bello, puro y tan inmaculado como el tuyo. Un corazón como el tuyo, tan lleno de amor y humildad. Rogamos que podamos ser capaces de recibir a Jesús como Pan de Vida, de amarlo como lo amaste tú, de servirle en los despreciados rostros de los pobres. Te lo pedimos por Jesucristo, nuestro Señor. Amén.

Beata Teresa de Calcuta
Versión del traductor [v.d.t.]

Segunda semana

Una visita apresurada

Preguntas para comenzar

Elijan una o dos preguntas para prepararse para la lectura.

1 ¿Cuándo fue la última vez que tuviste un invitado inesperado o que tú fuiste inesperadamente el invitado?

2 ¿Has tenido últimamente alguna buena noticia que te hizo sentir gozo?

"Se dirigió apresuradamente" a visitar a su prima Isabel. A medida que se dirigía. . . hacia el sur, hacia Judea, y atravesaba Tierra Santa, donde casi cada pulgada del suelo evoca un recuerdo sagrado, ciertos pasajes bíblicos le llenaban la mente. . . Iluminada por la presencia invisible del Mesías en su vientre, el conjunto de todas las promesas del Antiguo Testamento tuvieron para ella un nuevo y más profundo significado. El mismo suelo bajo sus pies parecía estar lleno de vida, tan lleno de gozo y expectación como lo estaba ella misma.

M. M. Philipon, *The Mother of God* [La madre de Dios] [v.d.t.]

Abriendo la Biblia

10 minutos
Lean en voz alta el pasaje. Permite que las personas se tomen turnos leyendo los párrafos.

Lectura: Lucas 1:39–56

Parientes —y bebés aún no nacidos— se encuentran

1:39 Entonces María se levantó y se dirigió apresuradamente a la
serranía, a un pueblo de Judea. 1:40 Entró en casa de Zacarías y
saludó a Isabel. 1:41 Cuando Isabel oyó el saludo de María, la criatura
dio un salto en su vientre; Isabel, llena de Espíritu Santo, 1:42 exclamó
con voz fuerte: —Bendita tú entre las mujeres y bendito el fruto de tu
vientre. 1:43 ¿Quién soy yo para que me visite la madre de mi Señor?
1:44 Mira, en cuanto tu saludo llegó a mis oídos, la criatura dio un
salto de gozo en mi vientre. 1:45 ¡Dichosa tú que creíste! Porque se
cumplirá lo que el Señor te anunció.

Reconociendo la bondad de Dios

1:46 María dijo:
Mi alma canta la grandeza del Señor,
1:47 mi espíritu festeja a Dios mi salvador,
1:48 porque se ha fijado en la humildad de su sirvienta
y en adelante me felicitarán todas las generaciones.
1:49 Porque el Poderoso ha hecho grandes cosas por mí,
su nombre es santo.
1:50 Su misericordia con sus fieles
se extiende de generación en generación.
1:51 Despliega la fuerza de su brazo,
dispersa a los soberbios en sus planes,
1:52 derriba del trono a los poderosos
y eleva a los humildes,
1:53 colma de bienes a los hambrientos
y despide vacíos a los ricos.
1:54 Socorre a Israel, su siervo,
recordando la lealtad,
1:55 prometida a nuestros antepasados,
en favor de Abrahán y su descendencia para siempre.

Una estancia prolongada

1:56 María se quedó con ella tres meses y después se volvió a casa.

Primera impresión

5 minutos
Menciona brevemente una pregunta que tengas sobre la lectura o algo en ella que te haya sorprendido, impresionado, deleitado o retado. ¡No hablen sobre ello! Simplemente escuchen las reacciones de cada uno.

Explorando el tema

Si los asistentes no han leído todavía esta sección, léela en voz alta. De otra manera, vayan directamente a "Preguntas para la reflexión y el diálogo".

Una visita a Isabel

Al final del anuncio a María, Gabriel añadió una noticia de menor importancia pero al mismo tiempo sorprendente en sí misma: Isabel, la "pariente" de María, está embarazada. Lucas usa una palabra genérica para "pariente" y no la palabra que significa "prima". Isabel, de mucha mayor edad que María, es más como su tía o incluso como su tía abuela. "¡La tía Bea va a tener un bebé! Tengo que ir a visitarla". María necesitaría de alguien que la acompañase porque una niña de su edad no es que precisamente pudiera viajar sola por los caminos de Palestina. Sin embargo, convence rápidamente a su familia para que organice todo y la dejen ir.

María se marcha apresuradamente, pero todavía le quedan cuatro días de caminar, una oportunidad para reflexionar acerca de la vida nueva que lleva en su vientre y para pensar en Isabel. La anciana se ha convertido en algo así como en una nueva Sara, la gran matriarca de la Biblia que fue inesperadamente bendecida con la maternidad. Pero, ¿cómo está relacionado, en el plan de Dios, el embarazo de Isabel con el de María? El ángel insinuó que Isabel es alguien en quien María puede confiar. Quizá cuando compartan sus historias emerja una visión global.

"Me visita la madre de mi Señor"

La casa de Zacarías e Isabel ha estado inusualmente tranquila desde que el ángel enmudeció al anciano sacerdote. Pero tan pronto como María entra por la puerta, el movimiento —inspirado por el Espíritu— del niño que Isabel lleva en su vientre la alerta de la presencia del Señor en su sobrina; entonces Isabel rompe el silencio con gritos de asombro. "¡Tu destino es más excelso que el de cualquier otra mujer! ¡Eres bendita porque has creído lo que Dios te dijo!". María no ha venido para que le confirmen el mensaje del ángel, pero aun así, eso es lo que le ofrecen. María no puede dejar de conmoverse ante las felicitaciones tan intensas que le ofrece la anciana. Sin embargo, podemos suponer que lo que más conmueve a María es el reconocimiento que su tía hace del bebé que María lleva en su vientre: "Me visita la madre de mi Señor". Isabel reconoce el misterio que ha tenido lugar: María está embarazada con el Hijo de Dios.

De hecho, María responde: Yo *soy* bendita. "El Poderoso ha hecho grandes cosas por mí". Conmovida de manera profunda, sus palabras pasan de ser parte de una conversación a ser oración. Sus palabras se transforman en poesía, en canto y —sospecho yo— sonaban más a canto espiritual negro que a canto gregoriano.

El *Magníficat*

María celebra la bondad de Dios no solo para con ella, sino para con todo el pueblo judío. Sus preocupaciones incluyen a los pobres, los hambrientos y los oprimidos. Y sus palabras de acción de gracias son sorprendentes por lo siguiente: porque María habla de la salvación de Dios como si se tratara de un acontecimiento pasado. Dios ha quitado a los explotadores de sus lugares de autoridad; ha satisfecho con cosas buenas a los hambrientos. Debemos recordar que, a la vez que María rezaba, el emperador Augusto todavía reinaba en Roma y Herodes continuaba como rey de Palestina al servicio de los romanos. Los campesinos, los jornaleros y los indigentes seguían siendo tan miserables como hacía unos días, antes de que Gabriel se le apareciera. "María, —le podríamos preguntar— ¿cómo puedes dar gracias a Dios por haber transformado para bien el mundo, por haber llevado su reino a la plenitud *ahora*?". Su respuesta habría sido sencilla: "Mi hijo, que es el Hijo de Dios, seguro que lleva a cabo los designios de Dios. ¡Y él está aquí!".

No se podría esperar que una joven analfabeta de un pequeño pueblo recitase una larga y memorable oración. Sin embargo, María proclama bellamente la bondad de Dios. Su oración está llena de ecos bíblicos, lo cual nos dice algo acerca de ella. Como más tarde diría su hijo: "De la abundancia del corazón habla la boca" (Mateo 12:34).

El concepto que tiene María de la obra que Dios ha comenzado va más allá de lo que le dijo Gabriel. Obviamente María ha estado pensando en el mensaje del ángel y su reflexión le ha dado frutos. "Habiendo escuchado que su hijo iba a ser el hijo de David y el Hijo de Dios, ella traduce esto en buenas noticias para los humildes y los hambrientos, y en aflicción para los poderosos y los ricos" [v.d.t.], escribe Raymond E. Brown, erudito del Nuevo Testamento. Y sin embargo su oración también puede sugerir lo mucho que ella todavía no entiende. Como dice otro erudito, G. B. Caird, si la oración de María "se hubiese conservado como un salmo independiente de su contexto actual, quizá la hubiésemos visto como un manifiesto sobre una revolución política y económica" [v.d.t.]. Lo más probable es que María se imagine a su hijo trayendo la restauración nacional y política al pueblo judío en su tierra, tal y como era la esperanza común de los judíos de esa época.

Compartir la fe

María se queda con Isabel tres meses. Orígenes, uno de los padres de la Iglesia, ofrece un alegre pensamiento: si una hora con María y Jesús fue una bendición para Isabel y Juan, ¡cuánto más se debieron de beneficiar de su presencia durante tres meses! Guiadas por el Espíritu, las dos mujeres tuvieron tiempo para compartir sus experiencias individuales de Dios y reflexionar sobre cómo estas estaban relacionadas entre sí. Al reflexionar sobre las acciones de Dios, las dos mujeres se convierten en un icono de la comunidad cristiana que pronto va a surgir: la Iglesia es la comunidad de aquellos que ponen su fe en la Palabra de Dios y lo alaban y que comparten mutuamente sus experiencias de la presencia de Dios, con Jesús mismo presente aunque invisible.

María regresa a su hogar antes de que se le empiece a notar el embarazo. De camino a Nazaret piensa en cómo explicar —o no explicar— su embarazo a su familia y a José.

Reflexiones sobre la lectura

María da gracias a Dios por haber rectificado un mundo deformado por falsos valores, por la explotación de los débiles a manos de los fuertes. Dios ya ha comenzado a llevar a cabo su plan de salvación al elegir a María: ella es insignificante desde el punto de vista de la sociedad, pero es grande desde el punto de vista de Dios a causa de su fe y de su voluntad de cooperar con él. Al elegirla Dios, ha pasado por alto a quienes aparentaban ser grandes y sabios en el mundo. La ordenación de las cosas que lleva a cabo

Dios en la esfera humana comienza aquí, en la encarnación de su Hijo en María de Nazaret. Su plan de salvación entrará en su fase definitiva con el ministerio de Jesús, su muerte y resurrección. Hoy, por el don del Espíritu Santo a la Iglesia, el plan de Dios continúa desarrollándose en y a través de nosotros, independientemente de si ocupamos puestos de importancia en la sociedad.

Preguntas para la reflexión y el diálogo

45 minutos
Elijan preguntas según su interés y tiempo disponible.

1 ¿Qué razones pudo tener María para ir a visitar a Isabel?

2 ¿Cómo sabe Isabel tanto sobre lo que le ha estado sucediendo a María?

3 María dice de Dios: "Su nombre es santo" (Lucas 1:49). Más tarde Jesús enseñará una oración que comienza con "Padre, santificado sea tu nombre" (Lucas 11:2). ¿La oración de María arroja algo de luz a lo que significa santificar el nombre de Dios?

4 A juzgar por el resto de la oración de María, ¿qué quiso decir cuando dice que su "alma canta la grandeza del Señor"?

5 María dice que festeja a Dios. ¿Qué significa festejar a Dios? ¿Cuál es la relación entre declarar la grandeza de Dios ("engrandecer" a Dios) y experimentar el gozo?

6 ¿Encuentras gozo en Dios? ¿Puede una persona decidir gozar en Dios? ¿Cuál es la relación en la vida cristiana entre el gozo y la tristeza? Véase Lucas 6:20–26.

7 ¿ Forma parte de tus oraciones esta oración de María, llamada el *Magníficat*? ¿ Te ayuda de algún modo a formar la manera en la que rezas en otras ocasiones?

8 ¿Qué concepto de María tienes basado en las lecturas que hemos hecho hasta ahora? ¿Qué tipo de persona aparenta ser?

9 ¿Qué podrías hacer para cooperar con la obra de Dios de elevar a los humildes y saciar a los hambrientos con cosas buenas?

10 **Pregunta principal.** María e Isabel indudablemente hablaron durante su visita acerca de lo que Dios estaba llevando a cabo en sus vidas. ¿Hablas con otras personas sobre lo que Dios está haciendo en tu vida? ¿Te ha resultado fácil hacerlo? ¿Difícil? ¿Ha sido fuente de ánimo y fe?

Oración para concluir

10 minutos
Usen esta sugerencia o ¡creen la suya propia!

- Recen juntos el Salmo 34. Quizá quieran dividirse en dos grupos y alternar el rezo de los versículos. Dediquen unos minutos a rezar espontáneamente por los necesitados o por quienes estén sufriendo por alguna causa. Concluyan con un padrenuestro o un avemaría.

  O quizá quieran rezar el *Magníficat* como se hace a menudo en la tradición bizantina: cada dos líneas recen: "Más honorable que el serafín, y sin comparación más gloriosa que el serafín, una virgen que dio a luz a Dios Palabra, a ti, verdaderamente la Madre de Dios, te cantamos la grandeza" [v.d.t.]. Al terminar recen por los necesitados y concluyan con un padrenuestro.

Un verdadero matrimonio

2 *Lucas 1:39–56*

María regresó a Nazaret después de visitar a Isabel. Cuando la vemos de nuevo la encontramos otra vez en el camino; esta vez en dirección a Belén, con su marido. En los seis meses que han transcurrido entre los dos episodios María y José se han casado.

El matrimonio de María con José significa que Jesús conocerá el amor y ternura de un padre humano. José no era el padrastro de Jesús porque Jesús no era el hijo de otro hombre. Ni tampoco era necesario que lo adoptara porque Jesús nació durante el matrimonio de José con María. Aunque José no era el padre biológico de Jesús, sí fue el padre de Jesús en todos los demás aspectos humanos.

Un esposo para María

Pero, ¿qué significó para María su matrimonio con José? Su efecto más inmediato fue evitar la humillación de un embarazo fuera del matrimonio. Y es posible que José protegiese el honor de María a costa del suyo propio. Todos los habitantes del pueblo se habrían dado cuenta de que María había quedado embarazada antes de la boda. Habrían asumido que si José hubiera pensado que había otro hombre envuelto en esto habría roto el compromiso. Cuando José siguió adelante con la boda la gente puede que asumiera que él era el padre del bebé. Esto, dado el carácter matrimonial del compromiso, no habría sido algo malo, aunque sí habría ido en contra de la tradición. María debió de agradecer mucho la disponibilidad de José de cargar con cualquier vergüenza que su embarazo hubiera ocasionado.

Sin José María habría seguido viviendo con su familia. Su padre, hermanos, tíos y primos le habrían ayudado a criar a su hijo. Qué mejor para ella que tener en José a alguien de quien depender en la enorme tarea de —como dijo alguien— enseñar a Dios cómo ser un ser humano.

María tuvo pronto que depender de José cuando se encontraron en peligro. Al poco tiempo de nacer Jesús, Herodes programó asesinarlo. Avisado por un ángel, José demostró su fiabilidad al llevar rápidamente a un lugar seguro a María y al niño.

Por lo tanto, María confió en que Dios cuidaría de ella, y Dios así lo hizo, a través de su esposo. Reflexionando sobre la huída a Egipto que tuvo que hacer la Sagrada Familia, el papa León XII escribió: "en las miserias del viaje y en la amargura del exilio [José] fue siempre la compañía, la ayuda y el apoyo de la Virgen y de Jesús".

Un vínculo de afecto mutuo

Algo que el matrimonio con José no conllevó para María fue relaciones sexuales. María permaneció virgen (véase página 64). Aun así, los dos estuvieron realmente casados. Santo Tomás de Aquino declaró que el matrimonio "consiste en la unión inseparable de las almas, por medio de la cual el marido y la mujer se comprometen el uno con el otro mediante un vínculo de afecto mutuo que no puede ser quebrantado" [v.d.t.]. María y José ciertamente tuvieron esa clase de relación, insistió santo Tomás. Lo que es más, dijo, la labor central del matrimonio es tener y criar hijos y, aunque José y María no tuvieron ningún hijo, sí que criaron a Jesús, la parte más importante de tener hijos que cualquier pareja pueda llevar a cabo.

Ni el papa León ni santo Tomás de Aquino vieron el matrimonio de José y María simplemente como algo llevado a cabo por una mera conveniencia social o por cuestiones prácticas. Tomás percibió entre ellos una "unión de las almas" y "un vínculo de afecto mutuo". Según el papa León, José no sólo fue protector y proveedor, sino que fue el compañero de viaje de María, refiriéndose no sólo al viaje a Egipto, sino al viaje por la vida.

Al principio José desconocía el misterio de la encarnación que Dios había comenzado a llevar a cabo en su prometida (Mateo 1:18–19). Pero luego Dios le contó a José el secreto (Mateo 1:20–24). Esto hizo de José el amigo más íntimo de María, mientras esta se esforzaba por responder a la excepcional vocación a la maternidad a la que Dios la había llamado. Y ella podía ser la amiga de José a medida que este se esforzaba por responder a la también excepcional llamada que le había hecho Dios.

En los Evangelios vislumbramos aspectos de la cooperación que se estableció entre los dos. La manera inusual con la que cumplieron la ley del Antiguo Testamento en lo referente a los primogénitos (véase la tercera semana) sugiere que ambos examinaron juntos las Escrituras y que llegaron a un acuerdo sobre cómo cumplir la ley con respecto a su primogénito tan especial.

Cuando Jesús no se unió a María y José en el viaje de regreso a casa tras haber estado en Jerusalén para la pascua, ellos lo buscaron con ansiedad compartida, como lo habría hecho cualquier otra pareja: "Mira que tu padre y yo te buscábamos angustiados". Las palabras de María a Jesús, aquel día en Jerusalén, quizá nos den una idea de cómo era la relación de la pareja con Jesús a lo largo de esos años. A medida que Jesús hacía y decía cosas que ellos no se esperaban o, como en el incidente en el Templo, no hacía lo que ellos esperaban, José y María debieron intentar juntos entender a Jesús, percibir cómo Dios quería que lo criasen y cómo se estaba desarrollando el plan de Dios para con Jesús.

Una unión íntima

El papa León declaró que el matrimonio es la más íntima de las uniones: "el matrimonio es el máximo consorcio y amistad —al que de por sí va unida la comunión de bienes—". Por tanto Dios dio a José como esposo a la Virgen, "no sólo como compañero de vida, testigo de la virginidad y tutor de la honestidad, sino también para que participase, por medio del pacto conyugal, en la excelsa grandeza de ella". La grandeza y dignidad de María como madre de Dios, dijo el papa León, "llega tan alto que nada puede existir más sublime". Ya que José estaba unido a María en matrimonio —concluye el papa León— "no hay duda de que a aquella altísima dignidad, por la que la Madre de Dios supera con mucho a todas las criaturas, él se acercó más que ningún otro".

No podemos saber lo que este compartir de la gracia de Dios significó para María y José. ¿Tuvieron una relación en la que conversaban mucho? ¿O estaba enmarcada en un silencio con el que se entendían mutuamente? Nadie lo puede adivinar. Pero de cualquier modo, José debió ser para María un gozo. El reconocimiento por parte de Isabel de que Dios había favorecido a

María evoca el gozoso *Magníficat* de esta. ¡Qué oraciones de acción de gracia debieron de surgir en su corazón a medida que vivió su vida, año tras año, con José, el hombre que compartió con ella el misterio de haber sido elegida por Dios para llevar en su vientre a su Hijo y criarlo!

La otra cara de la moneda del amor matrimonial es el dolor de haber perdido al ser querido. José no aparece en los Evangelios después del incidente en el que Jesús se quedó rezagado en el Templo. Comúnmente se deduce que José murió antes de que Jesús comenzara su misión pública. Por lo tanto, María experimentó el dolor de la viudedad.

2 Lucas 1:39–56

Camino a la santidad

¿Cambió María de forma de pensar?

En la época de María todos los habitantes de Nazaret, junto con casi todos los residentes de Galilea, Jerusalén y áreas circundantes, eran judíos. Pero los judíos no gobernaban Palestina. Como era el caso en todas las demás áreas del Mediterráneo de aquel entonces, Palestina era gobernada por Roma. Esta era una situación muy difícil de aceptar para la mayoría de los judíos. Las cosas ya habrían sido lo suficientemente difíciles sin los romanos. En la antigüedad, la mayoría de las personas eran pobres y la vida era muy dura y no existían medios tecnológicos, económicos o políticos que pudieran cambiar esa situación. Pero la dominación romana hacía que la situación fuese incluso peor, y traía consigo el dolor de la decepción y la vergüenza. Los judíos atesoraban las Escrituras, en las cuales parecía que Dios había prometido que los judíos vivirían en su tierra en paz y unidad bajo su propio rey. Cuando María era niña, algunos de los habitantes más mayores se acordaban de cuando reyes judíos independientes —los macabeos— habían, de hecho, gobernado Jerusalén.

En la tercera semana nos encontraremos con dos piadosos judíos, Simeón y Ana, quienes esperaban que Dios liberara a su pueblo y estableciera la justicia en su tierra. Simeón y Ana esperaban ansiosamente "la liberación de Israel" (Lucas 2:25, 38). Esta frase se refería a la esperada liberación y restauración del pueblo judío en su propia tierra.

Aires revolucionarios

Los judíos, con la opresión de los romanos por un lado, sus aspiraciones de una restauración nacional por el otro, y creyendo que había llegado el momento de la intervención de Dios, se levantaron repetidamente en armas en contra de los romanos. Un par de años después del nacimiento de Jesús, y de nuevo cuando tenía doce años, los judíos de Galilea se sublevaron. . . sin tener éxito.

En los Evangelios podemos ver que las esperanzas de una restauración nacional impregnaban el ambiente durante la época de la vida pública de Jesús. Las multitudes daban la bienvenida a Jesús como si fuera el rey enviado de los cielos, probablemente pensando que había venido para liberarlos de los romanos (Mateo 21:9–10;

Juan 6:15). Sus discípulos esperaban el establecimiento de un reino judío: veían a Jesús como un rey y a sí mismos como ministros de su gobierno (Hechos 1:6; Marcos 10:35–37). Uno de los retos más difíciles y peligrosos a los que Jesús hubo de enfrentarse fue hacer que quienes lo escuchaban dejasen de entender su reino de esa manera nacionalista. Los habitantes de su propio pueblo intentaron matar a Jesús cuando se dieron cuenta de que había venido, no a restaurar el reino de Israel, sino más bien a llevar la salvación a todos los pueblos (Lucas 4:23–30).

Todo esto nos lleva a preguntarnos: "¿Qué pensaba María? ¿Esperaba ella también que Dios restaurara la libertad de los judíos en su tierra ancestral?" No podemos estar seguros de ello, pero es razonable asumir que María sí compartió esta expectativa.

Expectativas políticas

Esta suposición se basa en parte en el nombre de María y en el de sus familiares. Todos los nombres están tomados de personajes que jugaron papeles importantes en la historia antigua judía. El nombre de María es una versión de Miriam, el nombre de la hermana de Moisés. José llevaba el nombre de uno de los hijos del patriarca Jacob. Otros varones de la familia también llevaban nombres de patriarcas israelitas: Santiago (una versión de Jacobo), José, Simeón y Judas (Marcos 6:3). Incluso Jesús se ajusta a este patrón. Su nombre es una variación de Josué, el hombre que lideró la conquista israelita de la tierra prometida. ¿Por qué son significativos estos nombres? Durante la mayor parte del período del Antiguo Testamento los padres judíos no daban a sus hijos nombres de las grandes figuras de la historia primitiva de Israel. Sin embargo, los judíos adoptaron esta práctica durante la época del movimiento macabeo de restauración nacional. El historiador del Nuevo Testamento John Meier deduce la siguiente conclusión: "Por lo tanto, lo más probable es que el hecho de que los miembros de la familia de Jesús llevaran nombres 'patriarcales' y 'matriarcales' denota la participación de la familia en este despertar de una identidad nacional y religiosa judía" [v.d.t.]. Ya que María provenía de una familia que anticipaba una restauración nacional iniciada por Dios, parece probable que ella compartiera estas expectativas.

Tales expectativas habrían influenciado el cómo María interpretó inicialmente el anuncio que le hizo Gabriel. La declaración que hizo el ángel de que su hijo se sentaría en el trono de David pudo haber sonado como una declaración de que Jesús iba a llevar a la plenitud las aspiraciones nacionales del pueblo judío.

No hay nada en el *Magníficat*, la gran oración que María rezó cuando visitó a Isabel, que vaya en contra de esta suposición acerca de la forma de pensar de María. En su oración María celebra lo que Dios ha comenzado a llevar a cabo con la concepción de su hijo: destronar a los tiranos y colocar a las personas humildes, pero rectas, en control de la sociedad; distribuir alimentos a los pobres; y hacer que los consumidores excesivos pasen hambre. María se alegra de que Dios esté cumpliendo la promesa que hizo "a nuestros antepasados, en favor de Abrahán y su descendencia para siempre" (Lucas 1:55). La promesa que Dios había hecho a Abrahán era que sus descendientes poseerían la tierra. Podemos leer el *Magníficat* como una declaración de María de que, por medio de su hijo concebido divinamente, Dios cumplirá esta promesa rompiendo el rígido control que los romanos ejercían sobre la tierra y colocando al pueblo judío de nuevo en control.

Un reino diferente

Los evangelistas muestran a Jesús instruyendo a sus discípulos a que abandonen esa forma nacionalista de entender el plan de salvación de Dios. Dios no va a traer su reino solamente al pueblo judío, dijo Jesús; Dios va a traer su reino para todo el mundo. Jesús, como Mesías, va a establecer su reino, no mediante conquistas militares, sino a través de la muerte y la resurrección. El reino de Dios derrocará al final toda injusticia y pecado (véase Marcos 13:26–27), pero mientras tanto Dios derramará su Espíritu Santo para renovar a cada individuo y crear una nueva sociedad en Cristo (véase Hechos 1–2). ¡Qué difícil les resultó a los discípulos de Jesús entender este plan divino! Incluso después de su resurrección hubo gente que le preguntaba si había llegado el momento de la restauración del reino de Israel (Hechos 1:6).

Si María tuvo al principio estas mismas expectativas, ella también debió de pasar por el proceso de abandonarlas. En algún momento, entre su gozosa bienvenida en el *Magníficat* a la intervención triunfal de Dios para bien de Israel y su presencia a los pies de la cruz de su hijo en Gólgota, María debió de abandonar todas sus esperanzas de que Jesús iba a establecer la justicia en la tierra deshaciéndose de la tiranía romana y restaurando el reino de Israel.

No hay razones para pensar que a María le resultase fácil deshacerse de estas ideas. Su *Magníficat* muestra una profunda compasión y un sentido de solidaridad para con los pobres y los oprimidos. Parece estar claro que ella deseaba intensamente que Dios estableciera la justicia en el mundo. Le debió doler darse cuenta de que los hambrientos y los oprimidos no iban a recibir tan pronto la justicia que ella deseaba. No veo ninguna razón que nos impida pensar que ella se sintió decepcionada, a la vez que comenzaba a entender el plan que Dios estaba llevando a cabo por medio de su Hijo. En el huerto de Getsemaní el mismo Jesús se sintió casi aplastado por el dolor que le producía la posibilidad de su propio sufrimiento —y, podemos suponer, la posibilidad del sufrimiento de otras personas que la venida del reino de Dios requeriría a lo largo de la historia—. Podemos suponer que María tuvo su propia experiencia de Getsemaní; se dio cuenta de que Dios pensaba actuar por medio de la cruz y que la venida final del reino de Dios era un misterio que no se había revelado a los seres humanos (Marcos 13:32). Para María, como para su hijo, la sabiduría de la cruz pudo casi ser algo inaguantable.

Sorpendida por el plan de Dios

La idea de que María tuvo que cambiar su forma de pensar nos puede resultar algo incoherente. Pero Lucas no nos presenta a María como si supiera todo desde el principio. Más bien al contrario. Lucas nos la presenta una y otra vez sorprendida ante el hecho de cómo los planes de Dios se están desarrollando. Dos veces nos dice que hubo acontecimientos que la llevaron a reflexionar profundamente, indudablemente porque lo que estaba sucediendo no concordaba con sus expectativas. En una de estas ocasiones —cuando encuentran a Jesús niño en el Templo— las palabras que Jesús dirige a su madre indican claramente que él piensa que ella necesita abandonar las expectativas que pueda tener de él (Lucas 2:49). La posibilidad de que María tuviera que cambiar de opinión no hace que sea menos. Piensa en Juan el Bautista. Jesús lo clasifica como el profeta más grande que jamás existió, y lo hace justo en el momento cuando Juan tenía un conflicto precisamente con el hecho de que Jesús no estaba cumpliendo sus expectativas (Lucas 7:18–28).

La posibilidad de que María tuviera que deshacerse de sus ideas sobre cómo Dios iba a actuar, y que encontrara ese proceso difícil, sólo hace más completo el retrato de su humanidad. Y también hace que ella sea para nosotros un modelo más accesible. También nosotros experimentamos la necesidad de tener que cambiar nuestra forma de pensar sobre Dios. ¿Quién de entre nosotros en un momento dado esperó que Dios actuara de una manera específica en nuestra vida o en la vida de un ser querido simplemente para luego descubrir que Dios no tenía planeado actuar de esa forma? Si María tuvo que pasar por este proceso que nosotros mismos afrontamos como discípulos —la necesidad de crecer en nuestro entendimiento de Dios, así como de sus sendas y planes, y darnos cuenta de que abrazar la senda de la cruz es algo difícil—, entonces esto la convierte para nosotros en un signo de esperanza. También la convierte, cuando nos encontramos en ese proceso, en una intercesora comprensiva.

Santa María, ayuda a los afligidos, fortalece a los decepcionados,
consuela a los apesadumbrados, intercede por tu pueblo,
suplica por el clero, intercede por todas las mujeres
consagradas a Dios.
Que todos los que te veneran sientan ahora tu auxilio y protección.
Haz que rezar por el pueblo de Dios
sea tu continua preocupación pues
tu fuiste bendecida por Dios
y hecha digna de llevar en tu vientre al Redentor del mundo,
quien vive y reina por los siglos de los siglos. Amén.

San Agustín
[v.d.t.]

Tercera semana

Dando a luz al Salvador

Preguntas para comenzar

10 minutos
Elijan una o dos preguntas para prepararse para la lectura.

1 En tus viajes, ¿has tenido alguna vez que quedarte en un alojamiento que era muy inferior a lo que te esperabas?

2 ¿Qué te ayuda a tener presente a Cristo en las Navidades, a pesar del ajetreo y consumismo que nos rodea?

Señor Dios, que por la fecunda virginidad de María
diste al género humano el don de la salvación eterna,
concédenos sentir la intercesión de aquélla
por quien recibimos al autor de la vida, Jesucristo, Señor nuestro,
que vive y reina contigo.

Oración colecta, Misa de Santa María, Madre de Dios.

Abriendo la Biblia

10 minutos
Lean en voz alta el pasaje. Permite que las personas se tomen turnos leyendo los párrafos.

El contexto

Ha nacido el bebé de Isabel y Zacarías ha sido liberado del silencio y ha rezado una larga oración (salvo la oración de Jesús durante la Última Cena en el Evangelio de Juan, que dura todo el capítulo 17, la oración de Zacarías es la más larga del Nuevo Testamento). Pero Zacarías tuvo todo el tiempo del mundo para pensar qué iba a decir cuando le volviese la voz. Zacarías anticipa en su oración no solo a qué es a lo que Dios va a llamar a su hijo a realizar, sino también qué es lo que el hijo de María, aun por nacer, hará. Ahora ponemos nuestra atención en el nacimiento del hijo de María.

Lectura: Lucas 2:1–20

María da a luz

2:1 Por entonces se promulgó un decreto del emperador Augusto
que ordenaba a todo el mundo inscribirse en un censo. 2:2 Éste
fue el primer censo, realizado siendo Quirino gobernador de Siria.
2:3 Acudían todos a inscribirse, cada uno en su ciudad. 2:4 José
subió de Nazaret, ciudad de Galilea, a la ciudad de David en Judea,
llamada Belén —pues pertenecía a la Casa y familia de David—,
2:5 a inscribirse con María, su esposa, que estaba embarazada.
2:6 Estando ellos allí, le llegó la hora del parto 2:7 y dio a luz a su
hijo primogénito. Lo envolvió en pañales y lo acostó en un pesebre,
porque no habían encontrado sitio en la posada.

Que goce el mundo

2:8 Había unos pastores en la zona que cuidaban por turnos los
rebaños a la intemperie. 2:9 Un ángel del Señor se les presentó. La
gloria del Señor los cercó de resplandor y ellos sintieron un gran
temor. 2:10 El ángel les dijo: —No teman. Miren, les doy una Buena
Noticia, una gran alegría para todo el pueblo: 2:11 Hoy les ha nacido
en la ciudad de David el Salvador, el Mesías y Señor. 2:12 Esto les
servirá de señal: encontrarán un niño envuelto en pañales y acostado
en un pesebre. 2:13 Al Ángel, en ese momento, se le juntó otra gran

cantidad de ángeles, que alababan a Dios diciendo: 2:14 —¡Gloria a
Dios en lo alto y en la tierra paz a los hombres amados por él!

Mucho sobre lo cual reflexionar

2:15 Cuando los ángeles se fueron al cielo, los pastores se decían: —
Crucemos hacia Belén, a ver lo que ha sucedido y nos ha comunicado
el Señor. 2:16 Fueron rápidamente y encontraron a María, a José y
al niño acostado en el pesebre. 2:17 Al verlo, les contaron lo que les
habían dicho del niño. 2:18 Y todos los que lo oyeron se asombraban
de lo que contaban los pastores. 2:19 Pero María conservaba
y meditaba todo en su corazón. 2:20 Los pastores se volvieron
glorificando y alabando a Dios por todo lo que habían oído y visto;
tal como se lo habían anunciado.

Primera impresión

5 minutos
Comparte brevemente una pregunta que tengas sobre la lectura o algo en ella que te haya sorprendido, impresionado, deleitado o retado. ¡No hablen sobre ello! Simplemente escuchen las reacciones de cada uno.

Explorando el tema

Si los asistentes no han leído todavía esta sección, léela en voz alta. De otra manera, vayan directamente a "Preguntas para la reflexión y el diálogo".

Ha nacido un niño

José y María se marcharon de Nazaret conscientes de que el embarazo de María estaba en su último tramo, pero sin saber cuánto tiempo quedaba antes de que fuera a dar a luz. ¿Y dónde estarán cuando llegue ese momento? Se sienten aliviados cuando llegan a Belén pero entonces descubren que el lugar donde tenían pensado hospedarse está ocupado, y no los aceptan en ningún otro sitio. La incertidumbre, conversaciones apresuradas, la paciencia al límite. . . esa noche no va a ser una noche de descanso ni de sueño profundo y tranquilo. De hecho, para cuando se acomodan en sus inesperados aposentos, ya ha pasado la oportunidad de dormir. Nos podemos imaginar a un par de mujeres del vecindario ofreciéndose para ayudar. La situación progresa. José espera en la oscuridad. Después de un tiempo se escucha ese sonido siempre tan sorprendente: un llanto sobresaltado y vigoroso. Ha nacido el bebé.

"Dio a luz", dice Lucas simplemente. Nos podemos imaginar lo que sucedió a continuación. María tomó al bebé en sus brazos, se lo acercó para alimentarlo y le susurró al oído. Con algo de ayuda lo limpiaron y lo envolvieron para que estuviera calentito. Cuando empezó a tener sueño alguien —quizá José— transformó un pesebre vacío que había allí en una cuna donde María colocó al bebé para que durmiera por primera vez.

El anuncio del ángel se había hecho realidad: "Concebirás a un hijo". María, desde lo más profundo de su ser ha traído al mundo a su hijo; al hacerlo ha cumplido lo que había afirmado: "Que se cumpla en mí tu palabra". Ahora, ¡aquí esta! Y, ¿cómo será la vida del bebé? Pero resulta difícil pensar en el futuro en este momento tan maravilloso. Míralo, tan tranquilo, tan perfecto en todos los sentidos.

Pero el ensueño de María es interrumpido por las voces de pastores en la puerta. Quieren ver al bebé. ¿Cómo saben *ellos* del bebé? "¡Nos lo dijeron los ángeles!". Los pastores se aglomeran a su alrededor. Si antes no cabía nada más en el corazón de María, ahora menos. Está asombrada de lo que le dicen los pastores. El cielo y la tierra (¿Qué podría ser más terrenal que estos personajes que han estado durmiendo en el campo con sus ovejas?) se han movilizado para alabar a Dios por el nacimiento de su hijo. El mensaje del ángel a los pastores es muy parecido al mensaje de Gabriel a ella, pero también es diferente. ¿Podría haber sido Gabriel quien había hablado a estos hombres?

Atraída al corazón de la relación de Dios con la raza humana, los oídos de María reverberan con las emocionadas palabras de ángeles y pastores. ¿Podría la nueva madre haberse sentido de otra manera que no fuera extremadamente cansada y abrumada? Pero no es así como nos la presenta Lucas. Cuando los pastores se marchan la cámara de Lucas se enfoca en María, y la vemos sentada en silencio pero atenta: "conservaba y meditaba todo en su corazón". No puede ni imaginarse todo lo que es Dios y sin embargo abre su corazón cada vez más para aceptarlo. La joven madre está completamente dedicada al misterio de su hijo. Esta es la tarjeta de navidad de Lucas, su icono navideño.

No es lo que te esperabas

Lucas pone de relieve las contradicciones de la situación: un poder extranjero domina el país al que Dios envía un rey para su gente. Desde la distante Roma el emperador Augusto (su nombre suena a blasfemia) tiene tal control de Palestina que puede hacer con un simple decreto que la gente tenga que ir de un lado al otro del país. Su orden obliga a José y a María a realizar el viaje de Nazaret a Belén en un momento no afortunado. Y sin embargo, como resultado de esto, Jesús nace en Belén, la ciudad de David, donde Dios había prometido que erigiría para su pueblo a un gran gobernante (Miqueas 5:2). Entonces, ¿quién está verdaderamente en control? nos pregunta Lucas. ¿Augusto o Dios? ¿Quién lleva a cabo sus designios sin consultar a los gobernantes terrenales e incluso, de manera misteriosa, permitiéndoles a estos que se salgan con la suya?

No podría haber habido alguien más dolorosamente consciente de las contradicciones de esta situación que no fueran José y María. Sin lugar a dudas habrían preferido haberse quedado en su casa en Nazaret. El lugar en Belén en donde fueron obligados a hospedarse, fuera el lugar que fuera (véase página 60), era cualquier cosa menos el lugar ideal para dar a luz. Les habría resultado fácil enfadarse con Dios por no haberles proporcionado un lugar más apropiado para dar la bienvenida a su Hijo. Y sin embargo, el rostro de María al caer la noche —tan pacífico y atento a Dios— no deja lugar a dudas de que ella, y seguramente también José, observaron la situación con ojos de fe.

Y nosotros, cuando nos sentimos inseguros y decepcionados, ¿miramos nuestra situación con los ojos de la fe? Cuando las fuerzas fuera de nuestro control dan forma a nuestra vida de maneras que son contrarias a nuestro bienestar, ¿buscamos con confianza a Dios, quien lleva a cabo sus designios divinos en esas circunstancias?

Reflexiones sobre la lectura

Como cualquier mujer que acaba de dar a luz por primera vez, María se encuentra a sí misma inmersa en un nuevo mundo, el mundo de la maternidad. Y su maternidad revela el más profundo de los misterios, la irrupción de Dios en la raza humana: "Llevará el título de Hijo del Altísimo". María tiene mucho sobre lo cual reflexionar y la posición desde la que lo hace es realmente única. Su asombro como nueva madre ante la vida que acaba de surgir de ella brota junto con el asombro ante la llegada del Hijo de Dios. Cuando María estrecha a Jesús hacia su pecho, el amor por su bebé y su amor por Dios se hacen uno solo; el cuidado maternal por su hijo y la devoción plena de la criatura (María) hacia su creador se convierten en un mismo amor. María recibe con un sencillo amor adorador y maternal el misterio de la irrupción de Dios en la persona divina y humana de Jesús.

Aunque única es la situación peculiar desde la cual María reflexiona acerca de la encarnación, único es también, de cierta manera, el punto de vista de José y los pastores. Allí estaban la noche que nació Jesús. Sin embargo, la buena noticia del nacimiento de Jesús no es que hace mucho tiempo, en un lugar muy lejano, Dios naciese en el mundo y pocas personas tuvieran la oportunidad de verlo en las horas posteriores a su nacimiento. No.

Al principio de su Evangelio Lucas nos dice que está escribiendo "los sucesos que nos han acontecido" (Lucas 1:1). Considera la natividad como un acontecimiento que nos está sucediendo ahora, allí donde nos encontremos. Cada unos de nosotros se puede unir a María en su asombro y gozo ante el nacimiento de Jesús porque él ha venido para estar presente en nuestras vidas y guiarnos hacia el misterio de su venida.

Preguntas para la reflexión y el diálogo

45 minutos
Elijan preguntas según su interés y tiempo disponible.

---

1 Compara la descripción de la aparición de los ángeles en Lucas 2:9, 13–14 con las descripciones de las apariciones de Gabriel en Lucas 1:11 y 1:28. ¿Cuál es la diferencia en la aparición a los pastores? ¿Por qué existe esta diferencia?

---

2 ¿En qué se parece el anuncio angelical a los pastores (Lucas 2:10–12) al anuncio de Gabriel a María (Lucas 1:30–33, 35–37)? Cuando los pastores comunicaron a María el anuncio que habían recibido, ¿hizo esto que María supiese mejor quien era su hijo?

---

3 Lucas muestra que cuando el Hijo de Dios vino al mundo, los reyes y gobernantes estaban ausentes en la escena, pero que un pareja pobre y unos pastores sí estaban presentes. ¿Conlleva esto algún mensaje para nosotros?

---

4 La narración del nacimiento de Jesús en los versículos 1–7 del Evangelio de Lucas ilustra el antiguo dicho: "Dios escribe recto con reglones torcidos". Viajar a Belén a finales del embarazo de María debió de resultar duro para ella y para José. Pero a causa de ese viaje Jesús nació en Belén, la ciudad de su antepasado, el rey David. ¿Cuándo ha usado Dios en tu vida senderos tortuosos para llevarte al lugar a donde él quería que fueras?

---

5 Los ángeles anunciaron el nacimiento del Salvador. ¿Cómo has sentido a Jesús como Salvador?

---

6 Los pastores regresaron a sus pastos "glorificando y alabando a Dios por todo lo que habían oído y visto". ¿Cuándo alabas a Dios? ¿Qué obras de Dios te llevan a alabarlo? ¿Hay alguna forma de que puedas alabar y glorificar a Dios más de lo que ya haces?

---

7 Primero piensa en algunas palabras que describan cómo es Dios, ¿qué es lo que hace que Dios sea Dios?. A continuación piensa en cómo tu retrato de Dios concuerda con la idea de que Dios se hizo bebé. ¿Cuál es la dificultad con esta imagen? ¿Cómo enriquece esta el concepto que tienes de Dios?

---

8 **Pregunta principal.** "María conservaba y meditaba todo en su corazón". ¿Meditas las palabras y obras de Dios? ¿Qué te ayuda a hacerlo? ¿Qué efecto tiene esto en tu vida? ¿Cómo puede esto hacer que atesores cada vez más la Palabra de Dios?

Oración para concluir

10 minutos
Usen esta sugerencia o ¡creen la suya propia!

- Algunas oraciones de la liturgia navideña bizantina muestran a María hablándole a su hijo recién nacido. Tomen turnos rezando las siguientes citas, haciendo una pausa después de cada una para reflexionar en silencio. Concluyan con un padrenuestro y un avemaría.

La Virgen lo sostuvo en sus brazos y lo besaba sin cesar. Llena de gozo dijo en voz alta: "¿Debo alimentarte a ti que das sustento al mundo?

"¿Cómo puedo yo, que soy tu sirvienta, llamarte hijo mío?

"Oh, altísimo Dios, Oh Rey invisible, ¿cómo puede ser que te dirija mi vista?

"No puedo comprender el misterio de tu ilimitada pobreza, pues hasta la cueva más pequeña tiene un lugar para ti.

"Te sostengo en mis brazos a ti que sostienes todo lo que existe, y estoy llena de asombro. Glorifico tu inconmensurable bondad hacia la humanidad, mediante la que salvas a un mundo que perece". [v.d.t.]

Una tradición viva

¿Un establo o una cueva?

Nuestra imagen mental del lugar donde nació Jesús ha sido influenciada por los belenes navideños, por los pesebres. San Francisco de Asís creó esta imagen en 1223 al preparar una celebración navideña usando una casa de techo de paja y campesinos. Pero Mateo simplemente dice que "Jesús nació en Belén" (Mateo 2:1). Lucas nos dice que María "lo envolvió en pañales y lo acostó en un pesebre, porque no habían encontrado sitio en la posada" (Lucas 2:7). Entonces, ¿en qué tipo de lugar nació Jesús?

Cuando Lucas escribe que no había sitio en la "posada", está usando una palabra griega que puede significar tanto "posada" como "habitación o sala de invitados". Jesús usa esta misma palabra cuando le da instrucciones a sus discípulos para que preparen la Última Cena. "Digan al dueño de la casa: el Maestro manda preguntarte, que dónde está la sala en la que comerá la cena de Pascua con sus discípulos" (Lucas 22:11).

En la narración de la natividad Lucas quizá quiso decir que no había sitio en una posada. En ese caso Lucas nos está diciendo que el hotel estaba lleno, de manera que José y María encontraron cobijo en otro lugar, quizá en un establo, ya que allí habría un pesebre. Pero si Lucas quiso referirse con esa palabra a una habitación o sala de invitados, entonces podemos imaginarnos a José quedándose en la casa de uno de sus parientes en Belén, en una casa que tenía una habitación de invitados pero que estaba ocupada. De ser así, José y María habrían tenido que irse a otra parte de la casa. Pero, ¿habría un pesebre en una casa? Si la casa estaba construida en la ladera de una colina, entonces quizá hubiera tenido en la parte posterior una cueva donde se podían proteger los animales pequeños. En esa clase de habitación posterior bien podría haber habido un pesebre.

Por tanto quizá deberíamos cambiar nuestra imagen de María dando luz en una especie de establo con techo de paja por una de María dando luz a Jesús en una cueva en la parte posterior de una casa. De hecho existe una antigua tradición que dice que Jesús nació en una cueva. Así lo atestigua el *Protoevangelio de Santiago* (véase página 11) y san Justino Mártir, escritor cristiano que se crió en Palestina a principios del siglo II.

Una tradición viva

Siempre virgen

En un pasaje del Evangelio de Marcos la gente de Nazaret expresa su asombro ante el hecho de que Jesús esté anunciando el reino de Dios y llevando a cabo milagros. "¿De dónde saca éste todo eso?", se preguntan. "¿No es éste el carpintero, el hijo de María?" (Marcos 6:3–3). El asombro de los vecinos ante las acciones de Jesús indica lo ordinario que Jesús les parecía a ellos. Mientras Jesús crecía no había nada en él que los llevara a esperar que él fuera a tener un ministerio poderoso y profético. Aparentemente tampoco había nada en María que les pareciera excepcional. Las preguntas que hacen parecen sugerir otra: "¿Cómo puede ser Jesús tan extraordinario cuando su madre es simplemente como cualquiera de nosotros?".

La valoración que los nazarenos hacen de María puede sorprendernos porque nosotros sabemos que ella era de hecho una persona extraordinaria. Pero existe una diferencia entre responder a Dios de una manera profunda y vivir de una manera inusual. Los escritores de los Evangelios no presentan a María actuando de una manera que la hubiera hecho quedar fuera de la corriente dominante de su sociedad. Lucas, por ejemplo, la presenta como profundamente piadosa —humilde y obediente a Dios, seguidora de las Escrituras, atenta a los designios de Dios para con su vida— pero devota según el judaísmo de su época. Podemos concluir, basándonos en la opinión que sus vecinos tenían de ella, que María vivió en Nazaret más o menos de la misma manera que se esperaba lo hiciera cualquier mujer y madre respetable.

Haciendo ajustes

Aunque María y José eran, por muchas razones, como cualquier pareja normal de la sociedad de aquel tiempo, también afrontaban una situación completamente única: su hijo, a quien María había concebido virginalmente por obra del Espíritu Santo, era el Hijo de Dios. Teniendo en cuenta esta asombrosa realidad, José y María a veces hacían las cosas de manera diferente de como era costumbre. En aquella época cualquier varón judío devoto rompía su compromiso si se descubría que su prometida había quedado embarazada antes de vivir juntos. Pero José, siguiendo las instrucciones de un ángel, no permitió que el embarazo de María echara a perder sus planes de boda (véase Mateo 1:18–24). Como veremos en la próxima lectura, María y José cumplieron de una manera inusual el precepto de la ley mosaica respecto a los primogénitos porque su hijo tenía una condición especial.

Cumplir por lo general con las costumbres establecidas, pero hacer los ajustes necesarios teniendo en cuenta la gran y nueva obra que Dios estaba llevando a cabo con ellos. Este era también el enfoque que la santa pareja dio a su matrimonio. No hay nada en los Evangelios que nos lleve a dudar que José y María no vivieron su vida matrimonial según las normas de su época. Y, dada la profundidad de su relación con Dios, los dos debieron de haberse tenido un amor mutuo muy profundo. Pero a causa de su peculiar situación hubo un momento cuando se desviaron del patrón matrimonial: decidieron no tener nunca relaciones sexuales.

¿Por qué una virgen?

Es más fácil decir porqué María y José tomaron esta decisión que decir cuándo o cómo la tomaron. Para María era cuestión de una dedicación total a Dios. Como lo explicó el papa Juan Pablo II, Dios guió a María a aceptar con un "amor esponsal" su vocación como madre del Hijo de Dios. En otras palabras, con su "que se cumpla en mí tu palabra" María se consagró totalmente a Dios, la misma consagración que una esposa hace a su marido. María se sintió llamada no solo a cumplir las funciones biológica y social de madre, sino también a darse a sí misma en amor a Dios, quien la había favorecido con esta incomprensible bendición. "En virtud de este amor" —escribe Juan Pablo II— "María deseaba estar siempre y en todo 'entregada a Dios', viviendo la virginidad. Las palabras 'he aquí la esclava del Señor' expresan el hecho de que desde el principio ella acogió y entendió la propia maternidad como donación total de sí, de su persona, al servicio de los designios salvíficos del Altísimo". Por lo tanto, para María la virginidad era esencial para expresar su respuesta a Dios.

En lo que respecta a José, su respeto por la virginidad de María era una manera de expresar su reverencia hacia la especial llamada que Dios le había hecho a ella, la presencia encarnada de Dios en ella y a través de ella. Aunque María le pertenecía a José como esposa, ella pertenecía con prioridad y absolutamente a Dios. José, a causa de su amor genuino por María, apreció y apoyó esa sagrada relación entre Dios y María.

Es posible que María hubiese tomado la decisión de permanecer virgen antes de su compromiso con José. Muchos lectores han detectado este compromiso en sus palabras al ángel —"Soy virgen"—, interpretándolas como una declaración acerca de su pasado, presente y futuro. Sin embargo, es imposible tener la certeza de si María había tomado esta decisión antes de su compromiso matrimonial. Tal decisión no habría tenido precedentes en la cultura de su época y los evangelistas no indican que lo hiciera. Otra posibilidad es que, tras el anuncio de Gabriel, María y José hubieran llegado a la decisión conjunta de abstenerse de tener relaciones sexuales porque ella deseaba darse a Dios tanto como le fuera posible en respuesta a la revelación de los planes que Dios tenía para ella.

Cuando quiera que haya sido que ellos tomaron esa decisión, para María esto significó una vida extraordinaria dentro de lo ordinario. Vivió una relación de dedicación virginal a Dios en el contexto de un matrimonio amoroso y de los quehaceres del hogar, las tareas del campo y las relaciones familiares y de vecindario que habrían ocupado los días de cualquier mujer casada en Nazaret.

Más tarde, durante su ministerio, Jesús presentó la virginidad consagrada como una forma de vivir para los discípulos que habían recibido el don para aceptarla. Esta vida consagrada totalmente a Dios da testimonio de que el reino de Dios es tan real y está tan cercano que una persona puede vivir por él y en él de esta manera radical incluso en el mundo presente (Mateo 19:11–12). Quienes conocían a María bien podrían haberla considerado, de alguna forma, como la primera discípula de Jesús, totalmente dedicada a su hijo y su misión. Lo que menos se podían imaginar era que ella también era el primer discípulo en aceptar la virginidad como expresión de un amor pleno y un compromiso total con él.

Una virginidad perpetua

Aunque los evangelistas hacen hincapié en que Jesús fue concebido virginalmente por María, la perpetua virginidad de María no se presenta explícitamente en los Evangelios. Lo que sabemos de ello proviene de una escondida corriente de la tradición de la primera de las comunidades cristianas; una corriente de pensamiento que se mantuvo soterrada durante algún tiempo y que salió a la luz solo después de que se escribieran los Evangelios. Comenzando en el siglo II, la convicción de que María había permanecido virgen es atestiguada en escritos cristianos. Ya en el siglo IV sabemos de numerosos maestros cristianos que habían aceptado la virginidad perpetua de María como parte de la tradición que habían recibido de los apóstoles. Al final es la afirmación de esta creencia por parte de la Iglesia la que le otorga el sello de su autenticidad. El Espíritu Santo guió al pueblo de Dios en la afirmación y aprecio de este aspecto de la vida de María.

Algunos lectores encuentran declaraciones del Nuevo Testamento que parecen estar en conflicto con la imagen de María como virgen perpetua. Por lo tanto, unas pocas palabras acerca de estas declaraciones pueden resultar útiles.

"No tuvo relaciones con ella hasta que dio a luz un hijo" (Mateo 1:25). El *hasta* sugiere que José pudo haber tenido relaciones sexuales con María *después* de que naciera Jesús. Aunque esto puede parecer una conclusión razonable en el versículo en español, eso no es lo que sugiere el griego en el que lo escribió Mateo. La palabra griega que traducimos como *hasta* no implica que sucediese un cambio después de que tuviese lugar el acontecimiento al que el "hasta" se refiere. Mateo, por ejemplo, cita esta profecía sobre Jesús: "No quebrará la caña débil, no apagará la vela vacilante, hasta que haga triunfar la justicia" (Mateo 12:20). La profecía no quería sugerir que una vez que Jesús hiciera triunfar la justicia él se pondría a quebrar cañas débiles y a apagar velas vacilantes. Mateo cita a Jesús declarando: "Hay algunos de los que están aquí que no morirán antes de ver al Hijo del Hombre venir en su reino" (Mateo 16:28); en otras palabras: hay quienes no morirán *hasta* que no vean al Hijo del Hombre venir en su reino. Jesús no estaba sugiriendo que algunos morirán *después* de que venga el Hijo del Hombre. Por lo tanto, la afirmación de Mateo acerca de José y María absteniéndose de relaciones sexuales hasta que nació Jesús no dice nada acerca de su comportamiento después del nacimiento. El objetivo de Mateo es hacer hincapié en el hecho de que María concibió a Jesús, no por obra de José, sino por el Espíritu Santo.

"Dio a luz a su hijo primogénito" (Lucas 2:27). Esta afirmación puede parecer que sugiere que María tuvo otros hijos más tarde. Pero en la cultura judía el término *primogénito* no era simplemente usado para designar el orden de nacimiento; era un término legal que indicaba los derechos de herencia y autoridad en una familia. Por lo tanto, la denominación de *primogénito* se podía aplicar tanto al primer hijo de una mujer antes de que nacieran más hermanos como a un hijo único. Esto queda ilustrado en la lápida de una mujer judía del año 5 a.C. en la que se indica que murió mientras daba a luz "a un hijo primogénito".

Los "hermanos" de Jesús

"¿No es éste el carpintero, el hijo de María, el hermano de Santiago y José, Judas y Simón? " (Marcos 6:3; para otras menciones de los "hermanos" de Jesús, véase Marcos 3:31–35; Juan 7:3; Hechos 1:14, 12:17, 15:13 y 21:18; 1 Corintios 15:7; Gálatas 1:19; 2:9, 12). En español esta pregunta de los residentes de Nazaret sugiere que María tuvo más hijos además de Jesús. Incluso en el griego del Evangelio de Mateo puede parecer a primera vista que se sugiera lo mismo. Pero en esta ocasión hay una cuestión lingüística más. Tras el griego que usa el evangelista está el arameo que se hablaba en Palestina durante la época de Jesús. Y la palabra aramea *hermano* —como su correspondiente palabra en hebreo— abarca más en sí misma de lo que la palabra *hermano* significa en español. Las palabras aramea y hebrea para *hermano* significan "pariente varón cercano"; con ellas se puede estar refiriendo a un hermano de sangre, un hermanastro, un tío, un sobrino, un primo, etcétera. De hecho, el arameo y el hebreo no tenían palabras distintas para referirse a cada una de estas relaciones familiares. Si tenías que especificar que un "hermano" tuyo era en realidad tu primo, entonces tendrías que decir algo así como: "Es el hijo de la hermana de mi padre". Cuando no era necesario ser tan específico, entonces simplemente dirías "Es mi hermano". Así, por ejemplo, la palabra hebrea para *hermano* se usa en Génesis 24:48 y 29:12 para referirse a sobrinos y en Levítico 10:4 y 1 Crónicas 23:22 para referirse a primos.

El griego sí tenía palabras específicas para primos, sobrinos, etcétera. Pero Marcos, por ejemplo, cuando se refirió a un gobernante llamado Felipe como "hermano" de Herodes Antipas, gobernador de Galilea, utilizó el uso bíblico del arameo y el hebreo en lugar del término griego más específico. Marcos seguro que sabía que estos dos gobernantes eran en realidad hermanastros (Marcos 6:17–18).

Lo que resulta de todo eso es que en las secciones en hebreo y arameo del Antiguo Testamento, e incluso en el Nuevo Testamento, escrito originalmente en griego, el término *hermano* por sí solo —e igualmente *hermana* por sí solo— no nos indica exactamente la naturaleza de la relación entre los miembros de la familia. *Hermano* y *hermana* pueden significar hermano y hermana de sangre, pero también puede que no lo hagan. Si no tenemos más información no podemos estar seguros. Por lo tanto, los hermanos y hermanas de Jesús a los que se refiere el Nuevo Testamento no tenían que ser necesariamente hermanos y hermanas de sangre.

Si estos hermanos y hermanas no eran hijos de María, entonces ¿qué relación tenían con Jesús? Las dos teorías principales dicen que o eran hijos de José de un matrimonio anterior (habiendo José enviudado antes de casarse con María) o que eran sus primos y primas. Ambas opiniones tienen bases antiguas. Los padres de la Iglesia Orígenes (fallecido en 254 d.C.) y Epifanio (fallecido en 403 d.C.), ambos grecoparlantes, dan testimonio de la tradición que identificaba a los hermanos del Señor como hijos de José de un matrimonio previo. Jerónimo, padre de la Iglesia y de habla latina (fallecido en 420 d.C.), interpretó que los hermanos y hermanas de Jesús eran sus primos y primas y que José fue célibe. La interpretación de los primos ha prevalecido en la Iglesia occidental, mientras que los cristianos orientales mantienen la opinión de que se trataba de hermanastros y hermanastras de Jesús.

Así pensemos que Santiago y José y los demás eran bien hermanastros o bien primos de Jesús, lo que ellos nos recuerdan es la estrecha dimensión familiar de la vida de María. En el mundo de la antigüedad las familias eran numerosas y extensas. María no solo era esposa y madre, sino quizá también madrastra y, casi con toda seguridad, sobrina, prima, prima hermana, cuñada, tía, etcétera. Aunque María expresó su dedicación total a Dios manteniéndose virgen, ella vivió su llamada no en el aislamiento de un claustro o una cueva, sino en medio de una vida en la que estaba rodeada de personas, muchas de las cuales tenían el derecho de reclamar su atención como miembros de su familia extensa.

Virgen llena de gracia,
sé que en Nazaret viviste humildemente,
sin pedir nada más.
No hubo éxtasis, ni milagros, ni otras obras extraordinarias
que realzaran tu vida, Oh Reina de los elegidos.
El número de los humildes, “los pequeños”, es muy grande
en la tierra.
Ellos pueden dirigir su mirada a ti sin temor alguno.
Tú eres la incomparable Madre
que camina con ellos por el camino ordinario para guiarlos al cielo.
Amada Madre, en este duro exilio
quiero vivir siempre contigo
y seguirte todos los días.
Todos mis temores se desvanecen ante tu mirada maternal,
¡la cual me enseña a llorar y a regocijarme! Amén.

Santa Teresa de Lisieux
[v.d.t.]

Cuarta semana

Sorprendidos en el Templo

Preguntas para comenzar

10 minutos
Elijan una o dos preguntas para prepararse para la lectura.

1 ¿Cómo eligieron tus padres tu nombre?

2 ¿Te perdiste alguna vez cuando eras niño? O como padre o madre de familia, ¿se te ha perdido alguna vez un hijo?

Dios todopoderoso y eterno,
mira a tus fieles reunidos hoy
para celebrar la presentación en el templo
de tu Hijo Jesucristo,
y concédenos que podamos presentarnos ante ti
plenamente renovados en el espíritu.
Por nuestro Señor Jesucristo.

Oración colecta, Misa de la Presentación del Señor.

10 minutos
Lean en voz alta el pasaje. Permite que las personas se turnen leyendo los párrafos.

Lectura: Lucas 2:21–52

El bebé es circuncidado y recibe su nombre

2:21 Al octavo día, al tiempo de circuncidarlo, le pusieron por nombre
Jesús, como lo había llamado el ángel antes de que fuera concebido.

Purificación ritual y presentación en el Templo

2:22 Y, cuando llegó el día de su purificación, 2:23 de acuerdo con
la ley de Moisés, lo llevaron a Jerusalén para presentárselo al
Señor, como manda la ley del Señor: Todo primogénito varón será
consagrado al Señor; 2:24 además ofrecieron el sacrificio que manda la
ley del Señor: un par de tórtolas o dos pichones.

Un encuentro inesperado

2:25 Había en Jerusalén un hombre llamado Simeón, hombre honrado
y piadoso, que esperaba la liberación de Israel y se guiaba por el
Espíritu Santo. 2:26 Le había comunicado el Espíritu Santo que no
moriría sin antes haber visto al Mesías del Señor. 2:27 Conducido, por
el mismo Espíritu, se dirigió al templo. Cuando los padres introducían
al niño Jesús para cumplir con él lo mandado en la ley, 2:28 Simeón lo
tomó en brazos y bendijo a Dios diciendo:

> 2:29 "Ahora, Señor, según tu palabra, puedes dejar que tu
> sirviente muera en paz
> 2:30 porque mis ojos han visto a tu salvación,
> 2:31 la que has dispuesto ante todos los pueblos
> 2:32 como luz para iluminar a los paganos y como gloria de
> tu pueblo Israel.

2:33 El padre y la madre estaban admirados de lo que decía acerca del
niño. 2:34 Simeón los bendijo y dijo a María, la madre: —Mira, este niño
está colocado de modo que todos en Israel o caigan o se levanten; será
signo de contradicción y así se manifestarán claramente los pensamientos
de todos. 2:35 En cuanto a ti, una espada te atravesará el corazón.

Un profeta anuncia la buena nueva

2:36 Estaba allí la profetisa Ana, hija de Fanuel, de la tribu de Aser.
Era de edad avanzada, casada en su juventud había vivido con su
marido siete años, 2:37 desde entonces había permanecido viuda y
tenía ochenta y cuatro años. No se apartaba del templo, sirviendo
noche y día con oraciones y ayunos. 2:38 Se presentó en aquel

momento, dando gracias a Dios y hablando del niño a cuantos esperaban la liberación de Jerusalén.

La vida oculta

2:39 Cumplidos todos los preceptos de la ley del Señor, se volvieron
a Galilea, a su ciudad de Nazaret. 2:40 El niño crecía y se fortalecía,
llenándose de sabiduría; y el favor de Dios lo acompañaba.

Una ausencia inesperada

2:41 Para la fiesta de Pascua iban sus padres todos los años a Jerusalén.
2:42 Cuando cumplió doce años, subieron a la fiesta según costumbre.
2:43 Al terminar ésta, mientras ellos se volvían, el niño Jesús se quedó
en Jerusalén, sin que sus padres lo supieran. 2:44 Pensando que iba en
la caravana, hicieron un día de camino y se pusieron a buscarlo entre
parientes y conocidos. 2:45 Al no encontrarlo, regresaron a buscarlo a
Jerusalén.

Una confrontación en el Templo

2:46 Luego de tres días lo encontraron en el templo, sentado en medio
de los doctores de la ley, escuchándolos y haciéndoles preguntas.
2:47 Y todos los que lo oían estaban maravillados ante su inteligencia
y sus respuestas. 2:48 Al verlo, se quedaron desconcertados, y su
madre le dijo: —Hijo, ¿por qué nos has hecho esto? Mira que tu
padre y yo te buscábamos angustiados. 2:49 Él replicó: —¿Por qué me
buscaban? ¿No sabían que yo debo estar en los asuntos de mi Padre?
2:50 Ellos no entendieron lo que les dijo.
2:51 Regresó con ellos, fue a Nazaret y siguió bajo su autoridad.
Su madre guardaba todas estas cosas en su corazón. 2:52 Jesús crecía en
[el] saber, en estatura y en gracia delante de Dios y de los hombres.

Primera impresión

5 minutos
Comparte brevemente alguna pregunta que tengas sobre la lectura o algo en ella que te haya sorprendido, impresionado, deleitado o retado. ¡No hablen sobre ello! Simplemente escuchen las reacciones de cada uno.

Explorando el tema

Si los asistentes no han leído todavía esta sección, léela en voz alta. De otra manera, vayan directamente a "Preguntas para la reflexión y el diálogo".

¿Qué estaban haciendo en el Templo?

Lucas 2:22–38. Después de dar a luz, según la ley mosaica, la madre tenía que ser purificada ritualmente. En la época de María esto incluía sacrificar un cordero. Si ese sacrificio suponía una carga económica, entonces la familia podía substituirlo por unos pocos pájaros menos caros (Levítico 12:8). Por desgracia, quizá, José y María tuvieron que tomar la opción más barata.

Según la ley mosaica el bebé no necesitaba una purificación ritual. Pero según el orden de nacimiento y el sexo del bebé, todos los primogénitos varones pertenecían a Dios de una manera especial. Moisés había declarado que "Todo primogénito varón será consagrado al Señor" (2:23), es decir, que eran reservados para Dios. Si el niño iba a crecer en el ámbito secular tenía que ser dispensado de esa condición especial. Esa dispensa se denominaba "redención": el niño tenía que ser, por decirlo de alguna manera, comprado a Dios de vuelta. La redención era algo muy sencillo: se realizaba un pago monetario a un sacerdote un mes después del nacimiento. El pago se podía realizar en cualquier lugar; no era necesario viajar hasta el Templo. Sin embargo, José y María deciden ir al Templo. . . y una vez allí deciden no llevar a cabo la práctica de redimir al niño. En vez de hacer esto decidieron "presentárselo al Señor" (2:23), algo para lo que no existía una tradición judía. ¿En qué estaban pensando?

Lucas nos dice que María y José "de acuerdo con la ley de Moisés, lo llevaron a Jerusalén". Otra traducción podría ser que llevaron a Jesús a Jerusalén para "llevar a cabo aquello que la ley prescribía *para él*", en otras palabras, para hacer lo que la ley dictaba para este bebé en particular. María y José, acordándose de que Gabriel había dicho que el niño que iba a nacer iba a ser "consagrado" (Lucas 1:35), se dan cuenta de que el mandato "Todo primogénito varón será consagrado al Señor" le concierne a Jesús de una manera única. Jesús es consagrado, es decir, le pertenece a Dios, y lo hace absolutamente. Tras reflexionar sobre esto María y José llegan a la conclusión de que la ley requiere algo especial en este caso. Guiados quizá por el mandamiento "Dedicarás al Señor todos los primogénito" (Éxodo 13:12), llevan a Jesús al Templo y se lo presentan a Dios, una manera de decir: "Querido Dios, aquí está tu Hijo. Verdaderamente te pertenece absolutamente a ti".

Al omitir la habitual redención del niño, María y José están diciendo que Jesús no está dejando su condición de dedicación total a Dios. Jesús crecerá como un laico, y no como un sacerdote en el Templo, pero estará dedicado totalmente a Dios a lo largo de su vida.

José y María demuestran así su habilidad de interpretar lo que las Escrituras dicen acerca de Jesús. Más tarde Jesús interpretará para sus discípulos "lo que en toda la Escritura se refería a él" (Lucas 24:27). Aquí sus padres demuestran que ya poseen un don para profundizar en lo que las Escrituras dicen sobre él.

La función de Simeón

Como no existía un ritual prescrito para presentar a un bebé en el Templo, quizá nos preguntemos cómo era exactamente que José y María pensaban llevar esto a cabo. Sea lo que fuere que hubieran pensado, el Espíritu toma cargo de la situación llevándoles a Simeón. Al colocar a Jesús en los brazos de este piadoso hombre, sus padres expresan su presentación a Dios.

Aunque José y María son muy intuitivos, su encuentro con Simeón sugiere que la comprensión de los designios de Dios tiene límites. Cuando el anciano habla acerca de la función de Jesús, José y María se sorprenden. No son las palabras de Simeón acerca de la "gloria de tu pueblo Israel" las que los asombraron, ya que estas se hacían eco de la propia oración de María celebrando la venida de Dios para salvar al pueblo judío (Lucas 1:54–55). Lo que María y José no esperaban escuchar era que, a través de su hijo, Dios iba a manifestar su gloria a *todos* los pueblos. También se debieron de dar cuenta de que Simeón habla de la revelación de Dios primero a los gentiles, y luego a Israel. Escuchar poner a Israel en segundo lugar era algo inesperado. Quizá Simeón se sorprendió a sí mismo con las palabras que fue inspirado a pronunciar, ya que llevaba toda su vida esperando "la liberación de Israel".

“Una espada te atravesará el corazón”

“Este niño está colocado de modo que todos en Israel o caigan o se levanten”. Simeón confirma la convicción de María de que Dios derribará a los poderosos y exaltará a los humildes. Pero aquí hay de nuevo algo inquietante. Su hijo va a encontrar oposición. A medida que surjan conflictos las motivaciones de las personas serán reveladas y algunas de estas no serán honestas. “Una espada te atravesará el corazón”, le dice Simeón a María. ¡Una predicción escalofriante durante un acontecimiento tan gozoso!

María, aguda y perspicaz como era, quizá ya hubiera sentido la punta de la espada. Simeón ha sugerido que a lo mejor ella tendrá que dejar de lado sus expectativas en lo referente a una restauración nacional. Más tarde Jesús dejará claro a sus discípulos que él no ha venido para restaurar la independencia judía en su tierra, sino que lo ha hecho para liberar a todo el mundo de formas de opresión más profundas que la que ejercen los romanos. A los discípulos no les será fácil aceptar esto. ¿Le será a María?

El mayor sufrimiento de María brotará de su amor por su hijo. Jesús se terminará marchando de Nazaret para llevar a cabo su misión y María, plenamente consciente de la vulnerabilidad de su hijo, tendrá que dejarlo ir. Al final lo perderá en una muerte cruenta, aunque para Lucas este dolor no ocupa un lugar primordial ya que no menciona la presencia de María junto a la cruz.

Ana: el primer evangelista

Lucas 2:36–38. Simeón solo se ha dirigido a María y José. Pero ahora aparece una anciana llamada Ana, que debe tener entre ochenta y cientos de años. Guiada por el Espíritu Ana comienza a hablar de Jesús a las personas que estaban en el patio del Templo. Por lo tanto, Ana es el primer evangelista en el Evangelio de Lucas (es interesante que en el Evangelio de Juan dos de los primeros evangelistas son mujeres: una mujer anónima de Samaria y María Magdalena). Fíjate en lo que les preocupaba a las personas a quien se dirigió Ana: “Esperaban la liberación de Jerusalén”. Aquel a quien esperaban en verdad ha venido. Y los decepcionará al transcender sus expectativas.

Una conversación severa

Lucas 2:39–52. No parece que María y José hubieran sido unos padres excesivamente protectores. Por lo menos no hacían que Jesús les dijera dónde estaba cada hora del día. Pero su desaparición los lleva al pánico. ¿Le ha pasado algo? ¿Se ha metido en problemas?

Jesús se ha quedado en el Templo haciendo preguntas y dando respuestas, no solo buscando y ofreciendo información, sino también haciendo preguntas desafiantes y demostrando su habilidad con ellas. Tras un par de días haciendo esto, los eruditos invitan a Jesús a que se les una como si fuera uno de ellos. Si María y José se sorprendieron cuando observaron esta muestra de precocidad, esto quedó eclipsado por lo atónitos que quedaron ante un comportamiento tan irresponsable. No le había pasado nada a Jesús, nadie lo había secuestrado; simplemente había decidido quedarse más tiempo y ¡no se lo había dicho a ellos! "Te buscábamos angustiados", lo regaña María. No le pregunta "¿Por qué estás aquí?", sino "¿Por qué nos has hecho esto?".

La respuesta de Jesús se puede traducir como "Tenía que estar en casa de mi Padre" o "Tenía que atender los asuntos de mi Padre" o incluso como "Tenía que estar con la gente de mi Padre", es decir, con quienes enseñaban la ley de Dios. La respuesta de Jesús, fuera cual fuera su matiz, es bastante severa para un niño de doce años que responde así en público a sus padres. Quizá haya en sus palabras cierto reproche: "¿Se acuerdan cuando, en lugar de redimirme, me presentaron a Dios aquí mismo, en el Templo, como signo de que le pertenecía? Entonces, ¿en qué otro lugar que no fuera este, la casa de Dios, aprendiendo sobre su ley, esperaban encontrarme?". Jesús increpa a su madre y padre putativo para que dejen de lado sus propios intereses y se amolden a los designios de Dios. La profecía de Simón a María se está cumpliendo. Una espada divisoria le atraviesa el corazón; la división es entre las expectativas que ella tiene de su hijo y los designios que Dios tiene para él.

Esta es la única conversación entre María y Jesús en el Evangelio de Lucas. ¿Pretende Lucas hacerla representativa de otras conversaciones que tuvieron a lo largo de los años?

De regreso en Nazaret Jesús continuará atendiendo los asuntos de su Padre. Durante unos veinte años los asuntos de su Padre incluirán obedecer a sus padres, trabajar en el campo, en la construcción. . . La típica vida de un varón joven en un pueblo galileo.

Reflexiones sobre las lecturas

La conversación de María con Jesús nos muestra, por lo menos, la cuarta vez en la que la vemos sorprendida (compare Lucas 1:29; 2:18–19, 33). Si María fue una mujer pacífica, no lo fue porque desde un principio hubiera descubierto el significado de la vida; su paz radicaba en saber que su vida estaba en las manos de Dios, quien le iba revelando sus planes paso a paso y que algunos de estos pasos no eran los que ella esperaba. María tenía que confiar en Dios tanto como lo tenemos que hacer nosotros.

Sin embargo, Lucas no nos presenta a María como si fuera un peón que, de forma pasiva, es movido por todo el tablero como si se tratase de una partida divina de ajedrez. Las primeras y últimas palabras de María en el Evangelio de Lucas son preguntas. "María conservaba y meditaba todo en su corazón": buscaba adentrarse en el plan salvífico que Dios estaba revelando, de manera que pudiera entenderlo y llevar plenamente a cabo su misión en él.

Preguntas para la reflexión y el diálogo

45 minutos
Elijan preguntas según su interés y tiempo disponible.

1 Los artistas normalmente retratan a Simeón como si fuera un anciano. ¿Hay bases para esto en el texto del Evangelio de Lucas? El texto dice explícitamente que Ana era una anciana. ¿Por qué nos da Lucas esta información? ¿Qué diferencia supone esto a la hora de entender el episodio?

2 ¿Qué leyes y costumbres religiosas judías nos muestra Lucas que José y María obedecen? ¿Qué nos dice de José y María el hecho de que siguieran esas leyes y costumbres?

3 ¿Qué papel juega el Espíritu Santo en los episodios de las lecturas de esta semana? ¿Qué papel jugó en los de las semanas anteriores? ¿Qué impresión tienes del Espíritu a raíz de estos episodios? ¿Qué te sugiere esto acerca de cómo y dónde quiere actuar el Espíritu en la vida de las personas? ¿Y en tu propia vida?

4 Simeón vivió el momento más significativo y de realización de su vida cuando sostuvo en sus brazos a Jesús (versículos 29–30). ¿Cuándo has experimentado un momento en el que te has sentido realizado? ¿Cómo te quieres sentir realizado?

5 Simeón le dijo a Dios: "Ahora, Señor, según tu palabra, puedes dejar que tu sirviente muera en paz" (versículo 29). ¿Qué piensas que se necesita para que una persona muera en paz? ¿Estás preparado para morir en paz?

6 Sabiendo que Jesús es el Hijo de Dios, ¿cómo pudo decir Lucas que Jesús crecía, se fortalecía y se llenaba de sabiduría (versículos 40 y 52)?

7 ¿Qué significa presentarse uno mismo al Señor? ¿Cómo te presentas tú al Señor? ¿Cómo puede esto hacer que crezcas?

8 **Pregunta principal.** ¿Cuáles son los "asuntos" que el Padre te está encomendando en esta etapa de tu vida? ¿Cómo puede el ejemplo de Jesús de la lectura de esta semana (versículos 41–52) guiarte a la hora de llevarlos a cabo?

Oración para concluir

10 minutos
Usen esta sugerencia o ¡creen la suya propia!

Una de las oraciones marianas más conocidas es el *Memorare* ("Acordaos" en latín), escrita por san Bernardo de Clairvaux. Récenlo juntos y después ofrezcan espontáneamente oraciones por sus necesidades y por las de los demás.

◆ Acordaos,
oh piadosísima Virgen María,
que jamás se ha oído decir
que ninguno de los que han
acudido
a tu protección,
implorando tu asistencia
y reclamando tu socorro,
haya sido abandonado de ti.
Animado con esta confianza,
a ti también acudo, oh Madre,
Virgen de las vírgenes,
y aunque gimiendo
bajo el peso de mis pecados,
me atrevo a comparecer
ante tu presencia soberana.
No deseches mis humildes
súplicas,
oh Madre del Verbo divino,
antes bien, escúchalas
y acógelas benignamente. Amén.

Quinta semana

Petición durante una boda

Preguntas para comenzar

10 minutos
Elijan una o dos preguntas para prepararse para la lectura.

1 ¿Cuál es tu parte favorita de una boda?

2 ¿Qué sugerirías para mejorar cómo se celebran las bodas?

"La Virgen como Madre. . . nos señala a Jesús como Maestro de la verdad que hay que escuchar y seguir: 'Haced lo que Él os diga'. Esta palabra repite continuamente María, cuando lleva a su Hijo en brazos o lo indica con su mirada".

Beato Juan Pablo II, en el santuario de Nuestra Señora de Suyapa, Honduras, 1983

Abriendo la Biblia

10 minutos
Lean en voz alta el pasaje. Permite que las personas se turnen leyendo los párrafos.

El contexto

Jesús no había comenzado todavía su ministerio público, pero sí había comenzado a reunir discípulos. Estos primeros discípulos lo acompañaron a Caná, un pueblo a unas pocas millas de distancia de Nazaret.

Lectura: Juan 2:1–12

Hora del buen vino

2:1 Tres días después se celebraba una boda en Caná de Galilea; allí
estaba la madre de Jesús. 2:2 También Jesús y sus discípulos estaban
invitados a la boda. 2:3 Se acabó el vino, y la madre de Jesús le dice:
—No tienen vino. 2:4 Jesús le responde: —¿Qué quieres de mí, mujer?
Aún no ha llegado mi hora. 2:5 La madre dice a los que servían: —
Hagan lo que él les diga. 2:6 Había allí seis tinajas de piedra destinadas
a los ritos de purificación de los judíos, con una capacidad de setenta
a cien litros cada una. 2:7 Jesús les dice: —Llenen de agua las tinajas.
Las llenaron hasta el borde. 2:8 Les dice: —Ahora saquen un poco y
llévenle al encargado del banquete para que lo pruebe. Se lo llevaron.
2:9 Cuando el encargado del banquete probó el agua convertida en
vino, sin saber de dónde procedía, aunque los servidores que habían
sacado el agua lo sabían, se dirige al novio 2:10 y le dice: —Todo el
mundo sirve primero el mejor vino, y cuando los convidados están algo
bebidos, saca el peor. Tú, en cambio has guardado hasta ahora el vino
mejor. 2:11 En Caná de Galilea hizo Jesús esta primera señal, manifestó
su gloria y creyeron en él los discípulos.

Jesús comienza su ministerio público

2:12 Después, bajó a Cafarnaún con su madre, sus hermanos y
discípulos, y se detuvo allí varios días.

Primera impresión

5 minutos
Comparte brevemente una pregunta que tengas sobre la lectura o algo en ella que te haya sorprendido, impresionado, deleitado o retado. ¡No hablen sobre ello! Simplemente escuchen las reacciones de cada uno.

Explorando el tema

Si los asistentes no han leído todavía esta sección, léela en voz alta. De otra manera, vayan directamente a "Preguntas para la reflexión y el diálogo".

María toma las riendas

Juan 2:1–11. Caná, como Nazaret, era un pequeño pueblo. Los arqueólogos estiman que solo tenía unos quinientos habitantes. Pero la celebración de una boda bien podía durar toda una semana. Si todos iban a la boda y se quedaban, el anfitrión podía fácilmente quedarse sin vino.

Parece que María era algo más que una invitada a la boda. Juan no dice que estuviera invitada, sino simplemente que ella "allí estaba". Y cuando surgió una necesidad ella lo supo, tomó las riendas de la situación y, estando en una posición de poder dar instrucciones a los criados, les indicó a estos qué hacer. Podemos sospechar que María visita a menudo esta casa. Era, presumiblemente, la casa de algunos parientes o amigos íntimos. En este episodio parece que vislumbramos algo de la vida social de María.

¿Qué esperaba María que hiciera Jesús? Nunca antes había hecho ningún milagro. La gente de Nazaret, por lo menos, no sabía que hubiera hecho ningún milagro durante los años en que Jesús vivió en su ciudad (véase Marcos 6:1–3). Pero, como dice el erudito del Nuevo Testamento F. F. Bruce, María "sabía que ante tal crisis no podía hacer otra cosa mejor que hacer uso de la capacidad de su hijo. Probablemente había aprendido por experiencia que hacer que su hijo prestara atención a una necesidad era la manera segura de que se hiciera algo al respecto" [v.d.t.].

Jesús, sin embargo, rechaza involucrarse. Lo hace educadamente, dirigiéndose a María llamándola "mujer", su manera habitual de dirigirse a mujeres estando en público (Mateo 15:28; Lucas 13:12; Juan 4:21, 8:10, 20:13). Pero la pregunta de Jesús —"¿Qué quieres de mí, mujer?"— es una manera de decir: "Esto no me concierne". Y añade una frase enigmática: "Aún no ha llegado mi hora". La "hora" de Jesús se refiere a su regreso al Padre mediante su muerte y resurrección (Juan 7:30; 8:20; 12:23, 27; 13:1; 17:1). La decisión sobre cuándo va a llegar esa hora recae totalmente en el Padre (véase Marcos 14:35; Juan 12:27). Parece que lo que Jesús está diciendo es que su atención está puesta en lo que el Padre desea para él, no en hacer favores a su familia. Más tarde Jesús dirá lo mismo a algunos de sus parientes varones (Juan 7:3–6).

Las palabras de Jesús son un "no" muy educado, pero María actúa como si le hubiera dicho "sí". Pensando que no hay necesidad de insistir para que la ayude, María se dirige a los criados y les dice que sigan todas las instrucciones que Jesús les dé. No solo está convencida de que Jesús iba a ayudar, sino que parece saber que lo que él quería hacer requerirá de la participación de los criados. Al mencionar su "hora" Jesús le ha recordado a su madre la relación que tiene con su Padre celestial, una relación que sigue siendo un misterio incluso para ella. Sin embargo, las instrucciones de María a los criados demuestran que ella conoce la forma de pensar de Jesús. María conoce a su hijo.

Un rayo de gloria

Jesús transforma más de 500 litros de agua en vino, cantidad más que suficiente para una fiesta en Caná. Sus discípulos ven en esta acción su "gloria". La gloria de Jesús se basa en su relación con el Padre. Será revelada cuando glorifique al Padre mediante la entrega de su vida en un acto de amor obediente y cuando el Padre lo glorifique a él mediante su resurrección triunfal de la muerte. En Caná Jesús ha permitido que brille un rayo de esa gloria divina, y lo ha hecho a instancias de su madre.

Con esta revelación de su gloria los discípulos de Jesús creyeron en él, o por lo menos comenzaron a creer en él más que antes, ya que no llegarán a creer completamente en Jesús hasta que no resucite de entre los muertos. De hecho, la progresión de no creer a creer es parte del drama del Evangelio de Juan. El clímax llega cuando Tomás reconoce la identidad de Jesús: "Señor mío y Dios mío" (Juan 20:28). Fíjate, sin embargo, que aquí Juan no dice que María llegara a creer en Jesús a causa de este milagro. El milagro de Jesús no la llevó a tener fe; más bien fue su fe la que provocó el milagro. Incluso antes de que Jesús comience su ministerio su madre ya cree en él. Ella es la primera persona que Jesús alabará al final: "Felices los que crean sin haber visto" (Juan 20:29).

5 *Juan 2:1–12*

Reflexiones sobre la lectura

Los Evangelios narran solo dos conversaciones entre María y Jesús: cuando comienza a hacerse adulto y cuando comienza su ministerio (Lucas 2:48–51; Juan 2:3–4). A pesar de las diferencias entre las conversaciones, las dos son sorprendentemente similares. María empieza expresando cómo ve la situación y Jesús responde haciendo hincapié en la primacía de su relación con su Padre. Esto distancia a Jesús de su madre, pero luego actúa de tal manera que confirma su cercanía con ella. Las dos conversaciones nos dejan vislumbrar qué tipo de relación tenían.

Preguntas para la reflexión y el diálogo

45 minutos
Elijan preguntas según su interés y tiempo disponible.

1 Relean el versículo 3. ¿Por qué piensas que María no le pide directamente a Jesús que se ocupe de la situación del vino?

2 ¿Por qué crees que Jesús no le dice simplemente a María que él se ocupará del problema?

3 Juan a menudo cita a gente diciendo más cosas de las que piensan que están diciendo. ¿Cómo podría ser este el caso según las palabras del novio en el versículo 10?

4 Los discípulos de Jesús vieron su gloria (versículo 11). ¿Qué significa ver la gloria de Jesús? ¿Has visto alguna vez la gloria de Jesús? ¿Cómo te afectó?

5 Los discípulos de Jesús creyeron en él (versículo 11). ¿Qué significa creer en Jesús?

6 ¿Cuál puede ser el significado del hecho de que Jesús diera a los discípulos la primera revelación de su gloria durante una boda?

7 ¿Hasta qué punto eres consciente de las necesidades de las personas de tu alrededor? ¿Cómo puede una persona estar más al tanto de estas necesidades?

8 **Pregunta principal.** María le dice a los criados: "Hagan lo que él les diga". ¿Ha habido alguna situación específica en tu vida en la cual hiciste que estas palabras fueran tu guía? ¿Cómo te afectó el hacerlo? Las palabras de María son una invitación a escuchar a Jesús. ¿Cómo puede una persona hacer esto? ¿Qué significan las palabras de María para ti en este momento?

Oración para concluir

10 minutos
Usen esta sugerencia o ¡creen la suya propia!

- Una persona recita la peticiones y el grupo responde. Pueden añadir sus propias peticiones. Concluyan rezando un avemaría.

Líder: Oremos por todos aquellos que carecen de lo imprescindible para la vida.
Respuesta: Señor Jesucristo, tú transformaste el agua en vino. ¡Ten misericordia de nosotros!
Líder: Oremos por todos aquellos que ansían vislumbrar la gloria de Dios.
Respuesta: Señor Jesucristo, tú transformaste el agua en vino. ¡Ten misericordia de nosotros!
Líder: Oremos por nosotros mismos como discípulos de Jesús, para que aumente nuestra fe en él.
Respuesta: Señor Jesucristo, tú transformaste el agua en vino. ¡Ten misericordia de nosotros!
Líder: Oremos para que estemos más atentos a todo aquello que Jesús nos pide que hagamos.
Respuesta: Señor Jesucristo, tú transformaste el agua en vino. ¡Ten misericordia de nosotros!

Líder: Oremos para que Dios nos haga estar más atentos a las necesidades de las personas que nos rodean.

Respuesta: Señor Jesucristo, tú transformaste el agua en vino. ¡Ten misericordia de nosotros!

Líder: Oremos para que Jesús se acerque a nuestros hogares con su presencia y amor.

Respuesta: Señor Jesucristo, tú transformaste el agua en vino. ¡Ten misericordia de nosotros!

Camino a la santidad

Un conflicto familiar

Tan pronto como Jesús comenzó su misión pública un gran número de personas empezaron a acercarse a él allí donde se encontrase, esperando escucharlo y para que los sanara (Marcos 2:4, 13). En una ocasión, cuando estaba predicando a orillas del mar de Galilea, Jesús se subió a una barca y habló desde el agua para que toda la multitud lo pudiera escuchar, y para que no lo aplastaran (Marcos 3:9). La multitud era a veces tan grade que en ocasiones Jesús evitaba ir a las ciudades y se quedaba a campo abierto (Marcos 1:45).

La familia no está muy satisfecha

Pero no todos estaban complacidos con la actividad de Jesús. Rápidamente surgió oposición por parte de los líderes religiosos (Marcos 2:1—3:6). Pero también surgió más cerca de casa. Incluso su propia familia no creyó en él (Juan 7:3–7). Y es en un episodio en el que figura la familia escéptica, la única vez que aparece María entre el principio del ministerio de Jesús y su muerte.

La escena comienza con Jesús en casa de Pedro, en Cafarnaún, donde un flujo constante de visitantes le hace imposible llevar una vida normal. La multitud está aparentemente congregándose en el patio de la casa, donde se está cocinando comida ya que Marcos nos dice que, a causa del gentío, Pedro y sus invitados "no podían ni comer" (Marcos 3:19–35).

En Nazaret la familia de Jesús ha oído rumores de que "se encontraba fuera de sí". Cuando escuchan que Jesús se ha detenido en su viaje y que se está quedando en Cafarnaún —a dos días de camino de Nazaret— algunos de sus parientes se marcharon hacia allí para intentar calmarlo. Su plan es, presumiblemente, llevarlo de regreso a casa y forzarlo a que descanse hasta que vuelva a la normalidad. Sin embargo, cuando llegan a la casa de Pedro no pueden acercarse a Jesús a causa de la multitud que rodea la casa. Cuando averigua que sus parientes están afuera Jesús rechaza invitarlos a que entren y más bien usa la llegada de sus familiares como una oportunidad para declarar que los *verdaderos* miembros de su familia son aquellos que se comprometen a hacer la voluntad de Dios. Podemos asumir que una vez que se disipó la multitud

Jesús y sus parientes sí se reunieron, pero estos regresaron a Nazaret sin él.

La preocupación de una madre

Marcos nos dice que María formaba parte del grupo de familiares que fueron a buscar a Jesús (Marcos 3:21). Es obvio que Marcos no tiene intención de hacer un retrato de María, ya que esta es la única escena en la que ella aparece en su Evangelio. Por lo tanto, debemos ser precavidos a la hora de sacar conclusiones acerca de por qué María fue con los "hermanos" a Cafarnaún (véase páginas 65–67 sobre los "hermanos" de Jesús). Es imposible imaginarnos a la María de las bodas de Caná —tan sintonizada con su hijo— aceptando el rumor de que su hijo había perdido la razón. ¿Pensó aún así que le iría bien a Jesús algo de descanso y comidas caseras? ¿Esperaba poder disipar lo que parecía iba a convertirse en un altercado entre Jesús y sus hermanos? ¿O fue con los hermanos simplemente porque esto le daría la oportunidad de ver a su hijo?

Aunque no podemos estar seguros de las razones que hicieron que María acompañase a los parientes varones a Cafarnaún, sí podemos tener la certeza de que vivió con angustia toda esta situación. Los embrollados rumores que llegaban hasta Nazaret acerca de la tumultuosa vida de su hijo habían hecho que María se preocupase por su bienestar. Y la reacción de los familiares a estos rumores deben haberla entristecido. Los lazos familiares eran muy fuertes. Podemos suponer con facilidad que María, como cualquier otra mujer de su época, se sentía parte de su familia extensa. Sin duda alguna, los quería a todos. Que doloroso debió ser para María verlos entrar en conflicto con su hijo.

Años antes, cuando María y José presentaron a Jesús en el Templo, Simeón había vaticinado que el niño se convertiría en "signo de contradicción", en una señal a la que se opondrían algunos (Lucas 2:34). ¿Se imaginó María en aquel entonces que de entre quienes se le opondrían habría miembros de su propia familia? Simeón también le dijo que una espada atravesaría su corazón. La imagen nos hace pensar en situaciones en las que hay que tomar una decisión difícil, en las que la gente tiene que tomar una postura u otra, y la decisión divide a los involucrados (como cuando una espada corta en dos una tela). María vive ahora, en su familia, esta división, cuando los parientes se posicionan en contra de su hijo y ella se encuentra en el lado opuesto, junto a Jesús.

Unos vecinos furiosos

Aunque los evangelistas no la mencionan, hay por lo menos otro episodio durante el ministerio de Jesús en el que podemos estar bastante seguros que María estuvo presente. Y en este también hay un conflicto. El episodio es la visita de Jesús a Nazaret, la ciudad donde creció.

De la manera que lo cuentan Mateo (13:54–58) y Marcos (6:1–6), los habitantes de Nazaret rechazaron a Jesús porque su reivindicación de que ha recibido autoridad de Dios parecía ir en contra de lo que sabían de él. ¿Cómo —dicen— puede un habitante de Nazaret como ellos convertirse en un gran profeta, maestro y realizador de milagros? Según la descripción que hace Lucas (4:16–30), la gente de Nazaret está dispuesta, en un primer momento, a darle la bienvenida a Jesús, quizá porque su repentina fama se refleja positivamente en su ciudad. Están orgullosos de él. Pero se tornan hostiles cuando Jesús indica que su ministerio no está dirigido para que su ciudad se beneficie especialmente, lo cual parece sugerir que tampoco está planeando beneficiar especialmente al pueblo judío haciendo realidad la restauración política nacional.

En la narrativa de Marcos (6:4), Jesús dice que un profeta no debería esperar recibir honores ni de su ciudad natal, ni de sus parientes, ni del resto de su familia. Esta declaración de Jesús nos lleva a concluir que fue rechazado no solo por los vecinos de Nazaret, sino también por miembros de su propia familia.

Si a María le había resultado dolorosa su visita a Cafarnaún, la reacción en Nazaret en contra de Jesús le debió resultar sumamente terrrible. Estas eran las personas con quienes ella había vivido toda su vida, gente que conocía a Jesús, que deberían serle leales. . . y ahora se vuelven contra él. Sólo nos podemos imaginar el dolor que sintió por Jesús —observando a conocidos, amigos y familiares rechazarlo— y el que sintió por quienes lo rechazaron —qué tristeza verlos separase de Jesús—.

Lucas nos dice que, al final, los habitantes de Nazaret terminaron de hecho por intentar matar a Jesús. Intentaron arrastrarlo hasta un precipicio y tirarlo desde allí. Jesús, misteriosamente, se alejó de ellos caminando. Pero la imagen de vecinos y parientes convertidos en una muchedumbre atacando a su hijo no fue algo que María fuera a olvidar jamás. La ira asesina de la turba debió de indicar claramente a María hacia dónde se dirigía la vida de Jesús.

Sexta semana

La muerte de su Hijo

Preguntas para comenzar

Elijan una o dos preguntas para prepararse para la lectura.

---

1 ¿La presencia de quién has apreciado en momentos difíciles?

---

2 ¿Haz presentado alguna vez a dos personas que más tarde se hicieron buenos amigos?

Dios nuestro, que quisiste que la Madre de tu Hijo
compartiera con él,
de pie junto a la cruz, sus sufrimientos,
haz que todos nosotros,
asociados con la Virgen en la pasión de Cristo,
participemos también en la gloria de la resurrección.
Por nuestro Señor Jesucristo.

Oración colecta, Misa de Nuestra Señora de los Dolores.

Abriendo la Biblia

10 minutos
Lean en voz alta el pasaje. Permite que las personas se tomen turnos leyendo los párrafos.

El contexto

La celebración de las bodas en Caná y la crucifixión de Jesús son los dos únicos episodios en el Evangelio de Juan en los cuales aparece María. Juan indica que existe una conexión entre esos dos acontecimientos: por ejemplo, en Caná Jesús hace una referencia disimulada a su muerte ("mi hora") y se dirige a su madre de la misma manera en ambos episodios ("mujer"). ¿Qué otras conexiones puedes encontrar entre los dos acontecimientos? ¿Qué nos está intentando decir Juan al presentarnos estos paralelismos entre Caná y Gólgota?

Lectura: Juan 19:16–30

Jesús es crucificado

19:16 Se lo llevaron; 19:17 y Jesús salió cargando él mismo con la cruz,
hacia un lugar llamado La Calavera, en hebreo Gólgota. 19:18 Allí
lo crucificaron con otros dos: uno a cada lado y en medio Jesús.
19:19 Pilato había hecho escribir un letrero y clavarlo en la cruz. El
escrito decía: Jesús el Nazareno, rey de los Judíos. 19:20 Muchos
judíos leyeron el letrero, porque el lugar donde Jesús fue crucificado
quedaba cerca de la ciudad. Además, el letrero estaba escrito en
hebreo, latín y griego. 19:21 Los sumos sacerdotes dijeron a Pilato:
—No escribas: Rey de los judíos, sino: Éste ha dicho: Soy rey de los
judíos. 19:22 Pilato contestó: —Lo escrito, escrito está.

Su ropa es dividida

19:23 Después que los soldados crucificaron a Jesús, tomaron su ropa
y la dividieron en cuatro partes, una para cada soldado; tomaron
también la túnica. Era una túnica sin costuras, tejida de arriba abajo,
de una pieza. 19:24 Así que se dijeron: —No la rasguemos; vamos
a sortearla, para ver a quien le toca. Así se cumplió lo escrito: Se
repartieron mi ropa y se sortearon mi túnica. Es lo que hicieron los
soldados.

Une a su madre y su discípulo predilecto

19:25 Junto a la cruz de Jesús estaban su madre, la hermana de su
madre, María de Cleofás y María la Magdalena. 19:26 Jesús, viendo a
su madre y al lado al discípulo predilecto, dice a su madre: —Mujer,
ahí tienes a tu hijo. 19:27 Después dice al discípulo: —Ahí tienes a tu
madre. Y desde aquel momento el discípulo se la llevó a su casa.

Da un último respiro

19:28 Después, sabiendo que todo había terminado, para que se
cumpliese la Escritura, Jesús dijo: —Tengo sed. 19:29 Había allí
un jarro lleno de vinagre. Empaparon una esponja en vinagre, la
sujetaron a una caña y se la acercaron a la boca. 19:30 Jesús tomó el
vinagre y dijo: —Todo se ha cumplido. Dobló la cabeza y entregó
el espíritu.

Primera impresión

5 minutos
Comparte una pregunta que tengas sobre la lectura o algo en ella que te haya sorprendido, impresionado, deleitado o retado. ¡No hablen sobre ello! Simplemente escuchen las reacciones de cada uno.

Explorando el tema

Si los asistentes no han leído todavía esta sección, léela en voz alta. De otra manera, vayan directamente a "Preguntas para la reflexión y el diálogo".

Ha llegado la hora de Jesús

Juan 19:16–25. Los cuatro soldados del pelotón de ejecución colocan el madero horizontal de la cruz sobre los hombros de Jesús y lo llevan del tribunal de Poncio Pilato hasta Gólgota, una cantera abandonada justo a las afueras de la ciudad, donde los maderos verticales estaban colocados permanentemente en la roca. La distancia a recorrer era de un cuarto de milla aproximadamente. Cuando llega a Gólgota los soldados acuestan a Jesús en la tierra, le clavan los brazos extendidos al madero horizontal, lo alzan y unen el madero con el poste vertical. Un camino que pasa junto a Gólgota lleva hasta una de las puertas de la ciudad. La gente que va y vine de la ciudad puede ver claramente a Jesús. Pero cualquier transeúnte con algo de compasión por una criatura agonizante no se queda mirando mucho tiempo. Los condenados a ser crucificados normalmente son desnudados (fíjate que los soldados le quitan a Jesús la ropa exterior e interior), y Jesús ha sido flagelado, algo que deja la piel de la víctima hecha jirones.

Un puñado de familiares y amigos de Jesús velan a su lado. Su madre es uno de ellos. El que María aguante férreamente ante la imagen de su hijo crucificado es testimonio de su determinación de estar con él en su sufrimiento. "Allí estaba ella muriéndose, sin poder morir", dijo san Bernardo de Clairvaux. Algunos artistas han representado a María desmayándose a causa de la tensión y necesitada de la ayuda de sus acompañantes.

Sufriendo con su hijo

En Caná Jesús le habló a su madre acerca de su "hora", refiriéndose a la hora de su muerte. Las palabras de Jesús fueron un gentil recordatorio de que iba a seguir unos planes que solo el Padre y el Hijo conocían totalmente. La escena en Gólgota ilustra este concepto con una fuerza que rompe el corazón. Qué inescrutable es incluso para María ese vínculo de amor que Jesús tiene con su Padre y que le ha llevado al sufrimiento.

Sin embargo, la paradoja de Caná prosigue en Gólgota. Como ser humano creado que és, María se encuentra fuera del misterio de la relación del Hijo eterno con el Padre, pero como madre suya, María tiene un acceso único a la mente y corazón de Jesús. En la boda intuyó las intenciones de su hijo. Ahora no puede estar menos sintonizada con él. Su capacidad para comprender a su hijo es limitada, pero ¿puede su capacidad de sufrir con él tener un límite? Los obispos del Concilio Vaticano Segundo escribieron que María "mantuvo fielmente su unión con el Hijo hasta la cruz, junto a la cual, no sin designio divino, se mantuvo erguida (cf. Jn 19, 25), sufriendo profundamente con su Unigénito y asociándose con entrañas de madre a su sacrificio, consintiendo amorosamente en la inmolación de la víctima que ella misma había engendrado" (*Constitución dogmática sobre la Iglesia*, 58).

Cuidar de su madre

Juan 19:26–27. Desde la cruz Jesús ve a su madre y "al discípulo predilecto". El testimonio de este discípulo es la base del Evangelio (véase Juan 19:26, 35). Con sus últimos alientos Jesús encomienda a su madre al cuidado de este discípulo. Jesús y María tenían parientes varones que serían los primeros que deberían aceptar esta responsabilidad. Pero ninguno de ellos cree en Jesús (Juan 7:3–7). Es apropiado que María, la primera en creer en Jesús, sea cuidada por un discípulo.

Este discípulo asumirá como hijo adulto el cuidado de María que antes esta recibía de Jesús. Y a su vez María cuidará del discípulo, en la medida de lo posible, como si ella fuese su madre. El estudioso del Nuevo Testamento R. Alan Culpepper dice que Jesús, al entregar el uno al otro, cumple con lo que el evangelista había dicho de él en la Última Cena: "Después de haber amado a los suyos que estaban en el mundo, los amó hasta el extremo" (Juan 13:1).

No hay duda alguna que Jesús había tenido oportunidad anteriormente de preparar las cosas para el futuro bienestar de su madre. Al esperar hasta el momento de su muerte Jesús indica que esta acción tiene un significado profundo, algo en lo que Juan hace hincapié al decirnos que esto hizo que la misión de Jesús llegara a su término. ¿Qué significa esto?

"Ahí tienes a tu hijo. . . Ahí tienes a tu madre". Con estas palabras Jesús otorga a las dos personas que más ama en esta vida una relación familiar. De esta manera revela el significado de la muerte que está padeciendo. Mediante la cruz Jesús está creando la familia de todos aquellos que lo reciben y comparten su vida con el Padre. Es sólo después de su muerte —ya que es *a través* de su muerte— que Jesús podrá dirigirse a sus discípulos como "mis hermanos" y hablarles de Dios como Padre de *ellos* (Juan 20:17). Por su muerte y resurrección Jesús los convierte a ellos —y a nosotros— en una nueva familia en él.

No hay ninguna otra mujer que tenga una fe más profunda en Jesús que María; no hay ningún otro hombre que tenga una experiencia más profunda del amor de Jesús que este discípulo, cuyo nombre nunca es mencionado en el Evangelio pero al que se refiere simplemente como "discípulo predilecto" o "el discípulo a quien Jesús amaba". Como madre, María trajo a Jesús al mundo; como testigo, este discípulo predilecto llevará al mundo el testimonio de Jesús. Por lo tanto, María y este discípulo, juntos, son modelo de la Iglesia: la comunidad de hombres y mujeres que reciben a Jesús con corazones totalmente abiertos y dan testimonio de él a todos; la comunidad de quienes creen en él y habitan en su amor. La noche antes de morir Jesús rezó por sus discípulos diciendo: "Padre Santo, cuida en tu nombre, a los que me diste, para que sean uno como nosotros" (Juan 17:11). Cuando su madre y su amigo más íntimo se marchan juntos de Gólgota la oración de Jesús comienza a hacerse realidad.

Dando su vida

Juan 19:28–30. En el momento de su muerte, quien había trasformado agua en vino, sufre de sed. Un soldado humedece los labios de Jesús con un poco de vino de su propia jarra. Pero Jesús, aún en un momento de tanto sufrimiento como este, no es una víctima pasiva. Él ha permitido que le llegase esta hora. Al final no es que le quiten la vida, sino que él la entrega voluntariamente. Inclinando deliberadamente la cabeza Jesús entrega su espíritu, entregando su vida a su Padre como sacrificio que quita los pecados. Esto deja paso libre para que sus discípulos reciban su vida. La noche de su resurrección Jesús soplará sobre ellos diciendo: "Reciban el Espíritu Santo" (Juan 20:22).

Reflexiones sobre la lectura

En Caná Jesús le dijo a su madre que sus preocupaciones (las de María) no eran las suyas (las de Jesús), que él tenía que ser guiado por el plan que Dios tenía para él y no por los deseos de los demás. “Aún no ha llegado mi hora”, le dijo a María. En Gólgota ha llegado su hora y, sorprendentemente quizá, se revela que el plan de Dios incluye a la madre de Jesús. En Caná Jesús se distanció de su madre, pero en Gólgota se acerca a ella incluso mientras sufre. La mira desde la cruz, le habla y le da un papel importante que jugar en la comunidad de sus discípulos.

Preguntas para la reflexión y el diálogo

45 minutos
Elijan preguntas según su interés y tiempo disponible.

---

1 ¿Por qué crees que los sumos sacerdotes objetaron al letrero que se colocó en la cruz (versículos 19–21)?

---

2 Obviamente Poncio Pilato no creía que Jesús fuera el rey de los judíos. Entonces, ¿por qué insistió en que no cambiaran lo que decía el letrero (versículo 22)?

---

3 El que había transformado agua en vino murió sediento, con solo un trago de vino que le dio uno de sus verdugos como consuelo (versículos 28–29). ¿Qué sugiere esto acerca del tipo de persona que es Jesús y de la misión que vino a realizar?

---

4 El padre de la Iglesia Orígenes dijo que la fe de María había sido llevada a sus límites junto a la cruz. ¿Cuándo ha sido tu fe en la grandeza y bondad de Dios puesta a prueba por la presencia en el mundo del mal o el sufrimiento? ¿Cómo has respondido a este reto? En esas situaciones, ¿es María un modelo y compañera útiles?

---

5 Jesús dio su vida para crear una comunidad de hombres y mujeres en la que cada uno es discípulo predilecto de Jesús. ¿Te relacionarías de manera diferente con los demás miembros de la Iglesia si pensaras en cada uno como discípulos predilectos de Jesús?

---

6 Al entregar a su madre a su discípulo predilecto para que este cuidara de ella, Jesús también entregó al discípulo al cuidado maternal de María. ¿Cómo has descubierto el cuidado maternal de María por ti?

---

7 ¿Hay formas útiles y no útiles de estar con alguien que sufre? ¿Qué lecciones has aprendido de tus experiencias de sufrimiento personal y de tus experiencias de acompañar a alguien en su sufrimiento?

---

8 Imagínate a Jesús llamándote "discípulo predilecto". ¿Cúal sería tu reacción? ¿Por qué reaccionas de esa forma?

---

9 **Pregunta principal.** ¿Has obtenido una imagen más clara de María mediante las lecturas de los Evangelios y los diálogos de las últimas semanas? ¿Qué idea o descubrimiento ha sido más significativo para ti? ¿Cómo va a ser tu vida diferente a raíz de esto?

Oración para concluir

10 minutos
Usen esta sugerencia o ¡creen la suya propia!

◆ Recen la *Salve regina*

Dios te salve, Reina
y Madre de misericordia,
vida, dulzura y esperanza
nuestra;
Dios te salve.
A ti llamamos
los desterrados hijos de Eva;
a ti suspiramos, gimiendo
y llorando
en este valle de lágrimas.
Ea, pues, Señora, abogada
nuestra,
vuelve a nosotros esos tus ojos
misericordiosos;
y después de este destierro,
muéstranos a Jesús,
fruto bendito de tu vientre.
¡Oh, clementísima, oh piadosa,
oh dulce Virgen María!

Una tradición viva

Asunta a la gloria

María después de la resurrección

Las representaciones artísticas de Jesús siendo bajado de la cruz normalmente incluyen a María. Pero el Evangelio de Juan —el único que menciona la presencia de María junto a la cruz— no dice nada al respecto. ¿Se quedó María esperando en Gólgota hasta que se llevaron el cuerpo de Jesús? ¿O había llegado a su límite y tuvo que ser alejada de allí? Sólo podemos especular sobre esto.

Jesús murió un viernes. La mañana del domingo siguiente algunas de las mujeres discípulos encontraron el sepulcro vacío. Y entonces se les apareció vivo a ellas y luego a los discípulos varones. ¿Se apareció Jesús a su madre? En el Nuevo Testamento no hay ninguna mención de tal encuentro. Pero los Evangelios nos dicen que Jesús se apareció individualmente a María Magdalena y a Pedro (Juan 20:11–17; Lucas 24:34), y san Pablo nos dice que se apareció por separado a Santiago, uno de los parientes de Jesús (1 Corintios 15:7). Tenemos que sacar nuestras propias conclusiones. La tradición bizantina celebra el encuentro entre Jesús resucitado y su madre. Un canto litúrgico exclama: "Saqueaste Hades sin encontrar oposición alguna. Tú, dador de vida, te encontrase con la Virgen. ¡Oh Señor, resucitado de entre los muertos, gloria a ti!" [v.d.t.].

María en Pentecostés

Volvemos a ver de nuevo a María en los Hechos de los Apóstoles, la narración de san Lucas acerca de la Iglesia primitiva. María está con los discípulos el día de la fiesta judía de Pentecostés, reunidos en oración a la espera de la venida del Espíritu Santo. Lucas nos dice que los discípulos varones "con algunas mujeres, la madre de Jesús y sus parientes, permanecían íntimamente unidos en la oración" (Hechos 1:14). María sabía mejor que nadie lo que significa estar abierto al Espíritu Santo. Al rezar y esperar al Espíritu, ¿qué podría haber sido más alentador para los discípulos que el contar con la presencia de María?

Lucas escribe: "Con algunas mujeres, la madre de Jesús y sus parientes" (Hechos 1:14). Sus parientes, sus "hermanos", ¡estaban allí! No habían creído en Jesús durante su ministerio, pero por lo menos a uno de ellos, a Santiago, Jesús se le había aparecido después de su resurrección (1 Corintios 15:7). El testimonio de Santiago probablemente había surtido efecto en otros varones de la familia. Por lo tanto, el dolor que María había sentido cuando algunos familiares se habían puesto en contra de su hijo es en parte sanado. María debía sentirse muy feliz por ellos.

Después de la ascensión de Jesús

Lucas no dice nada más de María después de Pentecostés. Aparentemente quiere que nos quedemos con la imagen de María entre los discípulos en Pentecostés. Juan había narrado cómo Jesús había entregado a su madre a su discípulo predilecto, y por tanto a todos nosotros que seguimos a Jesús. Lucas dice lo mismo con su último icono verbal en el que presenta a María sentada con los discípulos en oración. Esta imagen capta una realidad permanente: María continúa siendo uno de los discípulos, animándonos a confiar en él, a obedecerlo y a estar abiertos al Espíritu Santo.

Otros escritores del Nuevo Testamento no dicen nada más de María y no tenemos información certera en lo que se refiere al resto de su vida terrenal. Según una tradición, María se marchó con el discípulo predilecto a Éfeso, en lo que hoy en día es Turquía. A unas pocas millas de Éfeso hay una casa que se dice perteneció a ella y que hoy se enseña a los turistas. Otra tradición sostiene que María se quedó en Jerusalén.

En la época de María los judíos ancianos que vivían fuera de Palestina a veces se retiraban a Jerusalén para así poder ofrecer culto en el Templo durante sus años dorados. Si María se quedó en Jerusalén, en lugar de regresar a Nazaret, entonces siguió esta costumbre pero por razones diferentes. No lo hizo sólo para participar en el culto del Templo, sino para ser miembro de la comunidad cristiana, el templo de piedras vivas que Jesús construyó mediante su muerte y resurrección. Además así María habría estado cerca de los lugares donde Jesús había realizado su sacrificio final y conquistado todos los poderes del mal.

La Asunción de María

El misterio envuelve el fin de la vida terrenal de María. Las primeras generaciones de cristianos no dicen nada al respecto. Pero en el siglo V ya había surgido la convicción de que el cuerpo de María no había permanecido en este mundo. Más bien Dios la había llevado a la vida eterna, permitiéndole ya experimentar la resurrección en comunión con su hijo. Fue asunta, o elevada, al cielo.

Durante mucho tiempo los cristianos de oriente y occidente tuvieron esta creencia y la celebraban en la liturgia aun sin tener una declaración dogmática formal al respecto. Pero en el siglo XX el papa Pío XII, tras consultar a obispos de todo el mundo, consideró apropiado promulgar una declaración clara acerca de la Asunción de María al cielo. El papa declaró solemnemente: "La Santísima Virgen María, cumplido el curso de su vida terrena, fue llevada en cuerpo y alma a la gloria del cielo, y fue exaltada por el Señor como Reina sobre todas las cosas, de manera que se conformara más a su Hijo, el Señor de los Señores y conquistador del pecado y la muerte" [v.d.t.].

Según una tradición, María murió antes de ser asunta al cielo. Según otra, no murió sino que Dios se la llevó al final de su vida. El papa Pío evitó deliberadamente solucionar esta cuestión. "Cumplido el curso de su vida terrena" ni afirma ni niega que María muriese, y deja abierta la cuestión.

Al igual que el haber sido preservada del pecado original desde el primer momento de su existencia, su asunción es un puro don de Dios, una expresión de la gracia otorgada a quien gozaba de su favor. Y al igual que el haber sido preservada del pecado original mediante la muerte y resurrección de Jesús es un signo de la purificación que Dios quiere que obtengamos en nuestras vidas mediante Jesús, su asunción también es un signo de esperanza para nosotros, una indicación de lo que Dios guarda para nosotros.

Llamar a María "Reina", como lo hizo el papa Pío XII, pone de relieve que ella compartió la conquista de su hijo sobre la muerte. Y nos recuerda que Jesús nos llama a cada uno de nosotros a experimentar con él la victoria sobre la muerte. En la Jerusalén celestial "no les hará falta luz de lámpara ni luz del sol, porque los ilumina el Señor Dios, y reinarán por los siglos de los siglos" (Apocalipsis 22:5). La oración colecta de la misa de la Asunción de María expresa esta esperanza:

Dios nuestro,
que recompensaste la profunda humildad
de la Virgen María con la sublime dignidad
de ser la Madre de tu Hijo,
concédenos, por sus méritos, aprovechar la gracia de la redención
y recibir de ti la recompensa del cielo.
Por nuestro Señor Jesucristo.

Sugerencias para diálogos bíblicos en grupo

Los diálogos bíblicos en grupo funcionan mejor cuando los participantes están de acuerdo en a *dónde* quieren llegar y en *cómo* alcanzar ese objetivo. Muchos de estos grupos dedican la primera reunión a tratar estas cuestiones. Les presento a continuación una lista de puntos a considerar, junto con unos breves consejos ofrecidos por personas con experiencia en diálogos bíblicos. La reunión se desarrollará mejor si los coordinadores han reflexionado con antelación acerca de las siguientes cuestiones.

Decidan su objetivo común. ¿Se están reuniendo para obtener una mayor sabiduría y dirección en su vida? ¿Para finalmente familiarizarse más con la Biblia? ¿Para apoyarse mutuamente en su seguimiento de Cristo? ¿Para motivar a quienes están explorando —o reexplorando— la Iglesia? ¿Por alguna otra razón?

Decidan su enfoque. Por ejemplo, "Aquí somos todos principiantes", "Estamos aquí para ayudarnos mutuamente a comprender la Palabra de Dios y a responder a ella", "No hemos venido aquí para ofrecer terapia" o "Queremos leer la Sagrada Escritura en un contexto de oración". ¿Qué es en lo que *tú* quieres hacer hincapié? ¡Exprésalo claramente!

Decidan las reglas comunes a seguir. Barbara J. Fleischer, en su útil libro *Facilitating for Growth* [Facilitando el crecimiento personal], recomienda que un grupo identifique claramente cómo va a tratar los siguientes puntos:

- *Preparación.* ¿Estamos de acuerdo en que los participantes lean todo el material y preparen sus respuestas *antes* de cada reunión?
- *Asistencia.* ¿Cuánta prioridad daremos a nuestras reuniones?
- *Auto revelación.* ¿Estamos dispuestos a ayudar a los demás a que nos vayan conociendo gradualmente, tanto nuestros puntos débiles como fuertes, tanto nuestras necesidades como nuestros talentos?
- *Escuchar.* ¿Nos comprometemos a escucharnos mutuamente?
- *Confidencialidad.* ¿Nos comprometemos a mantener *en* el grupo lo que se ha compartido *con* el grupo?
- *Discreción.* ¿Nos abstendremos de mencionar las faltas y pecados de personas que no forman parte del grupo?

- *Motivación y apoyo.* ¿Estamos dispuestos tanto a dar como a recibir motivación y apoyo?
- *Participación.* ¿Daremos a cada participante el tiempo y la oportunidad para participar activamente y contribuir a la reunión?

Quizá quieras tomar ahora una pluma y trazar un círculo alrededor de *Escuchar* y *Confidencialidad*. Estos dos puntos son especialmente importantes.

Podríamos añadir los siguientes dos puntos a la lista de Fleischer:

- *Relación con la parroquia.* ¿Nuestro grupo forma parte del programa de formación en la fe de adultos? ¿Opera independientemente pero con la aprobación explícita del párroco? ¿Es un grupo que no está ligado a la parroquia?
- *Nuevos miembros.* ¿Admitirán a nuevos miembros una vez que hayan comenzado las seis semanas de reuniones?

Aspectos prácticos.

- *¿Cuándo nos reuniremos?*
- *¿Con qué frecuencia nos reuniremos?* Lo mejor es reunirse todas las semanas o cada dos. William Riley comenta que "las reuniones mensuales están muy distantes entre sí y resulta fácil perder el hilo de una reunión a otra" (*The Bible Study Group: An Owner´s Manual* [El grupo de estudio bíblico: un manual]).
- *¿Cuánto durará cada reunión?*
- *¿Dónde nos reuniremos?*
- *¿Necesitamos preparar el salón?* Christine Dodd escribe que "el problema con reunirse en lugares como el salón parroquial es que puede destruir nuestra alma" a causa del carácter frio e impersonal de muchas instalaciones parroquiales. Dodd recomienda que, si se tienen que reunir en un lugar de la parroquia, lo preparen con antelación para que resulte más acogedor (*Making Scriptre Work* [Haciendo que la Escritura funcione]).
- *¿Quién será el anfitrión de nuestras reuniones?* Los coordinadores y los anfitriones no tienen que ser necesariamente las mismas personas.
- *¿Tendremos algún refrigerio?* De ser así, ¿quién traerá comida y refrescos? Don Cousins y Judson Poling ofrecen la siguiente

recomendación: "Si quieren ofrezcan refrescos, pero reserven la comida para el final de la reunión para minimizar las distracciones".

- *¿Qué pasará con los niños?* La mayoría de los líderes de diálogos bíblicos sugieren que los participantes *no* traigan a sus bebés y niños a las reuniones.

Elijan a un coordinador. Necesitan a alguien que facilite el diálogo, que lo mantenga enfocado, que se asegure que todos tengan la oportunidad de participar y que ayude al grupo a mantener el horario. Rena Duff, editora del boletín *Sharing God's Word Today* [Compartiendo hoy la Palabra de Dios], recomienda que dos o tres personas se turnen coordinando las reuniones.

El coordinador del grupo no tiene por qué ser un experto en la Biblia. Ustedes ya tienen este libro como guía y si surgen preguntas para las que nadie tiene respuestas, entonces deleguen a alguien para que las investigue y presente en la próxima reunión. Quizá el sacerdote de su parroquia o alguien del personal parroquial les pueda aconsejar, o quizá encuentren ayuda en la oficina de catequesis de la diócesis o en la universidad o seminario católico local.

Es importante que el coordinador dé buen ejemplo de lo que significa escuchar, que haga participar a los más introvertidos (y de vez en cuando que limite la participación de los más extrovertidos), que reconduzca al grupo cuando este se estanque, y que repita y resuma lo que está aprendiendo el grupo. De vez en cuando el coordinador tiene que recordar a los participantes aquello que acordaron con anterioridad. Un coordinador eficaz está entusiasmado con el tema a tratar y las conversaciones y da ejemplo de lo que significar aprender de los demás y de cómo usar los materiales y recursos para continuar aprendiendo y entendiendo. A medida que el grupo madure, otros miembros comenzarán a iniciativa propia a compartir gradualmente estas responsabilidades.

Los diálogos en torno a la Biblia son una oportunidad de expresar el cumplimiento de la promesa de Jesús: "Donde hay dos o tres reunidos en mi nombre, yo estoy allí, en medio de ellos". Pon a tu grupo en las manos de Jesús. Reza para que el Espíritu Santo los guíe. Y ¡disfruten explorando juntos la Palabra de Dios!

Sugerencias para el estudio personal

Puedes usar este libro tanto para el estudio personal como para diálogo en grupo. Compartir la Biblia con otras personas puede ser una experiencia muy valiosa, pero leerla individualmente también aporta ventajas. Por ejemplo:

- Te puedes centrar en los puntos que más te interesan a ti.
- Puedes ir a tu propio paso.
- Puedes estar totalmente relajado y responder con brutal honestidad a las preguntas ya que no hay nadie con quien compartirlas.

Mis sugerencias a la hora de usar este libro para el estudio personal son las siguientes:

- No omitas las "Preguntas para comenzar" o "Primera impresión".
- Dedica tiempo a las "Preguntas para la reflexión y el diálogo". Lo más probable es que un grupo no tenga el tiempo suficiente como para tratar todas las preguntas pero, si estás usando el libro para el estudio personal, entonces tú *sí* puedes dedicarles todo el tiempo que necesites.
- Después de leer "Explorando el tema", regresa al texto bíblico y vuelve a leerlo antes de seguir con las "Preguntas para la reflexión y el diálogo".
- Dedica tiempo a buscar y leer las citas bíblicas indicadas entre paréntesis.
- Lee otros textos bíblicos que estén relacionados con los pasajes que se tratan en este libro. Por ejemplo, lee las secciones de la Biblia que preceden o siguen a los pasajes bíblicos que se incluyen en esta guía. Entenderás mejor las lecturas si lees también su contexto en la Biblia.
- Como *tú* controlas el ritmo del estudio, concédete suficientes oportunidades para reflexionar sobre el significado que los pasajes bíblicos tienen para ti. Permite que tu lectura de la Biblia sea una oportunidad para que estas palabras se conviertan en las palabras que Dios te dirige a *ti*.

Biblias

Las siguientes ediciones de la Biblia contienen todos los libros bíblicos que han sido aprobados por la Iglesia católica, junto con muchos comentarios sumamente valiosos.

- *La Biblia de nuestro pueblo,* Edición para América Latina. Luis Alonso Schökel et. al, trad. Bilbao, España: Ediciones Mensajero S.A.U., 2007.
- *Nueva Biblia de Jerusalén.* Bilbao, España: Editorial Desclée de Brouwer, S.A., 1998.
- *Sagrada Biblia,* versión oficial de la Conferencia Episcopal Española. Madrid: Biblioteca de Autores Cristianos, 2010.
- La *Biblia Latinoamericana*, 52ª edición. Madrid: San Pablo y Estella: Editorial Verbo Divino, 2004.
- *Biblia de América.* La casa de la Biblia, 1994.

Libros y páginas digitales

- *Catecismo de la Iglesia Católica,* segunda edición. Washington, D.C.: Libreria Editrice Vaticana–United States Conference of Catholic Bishops, 2001.
- Busca "María" en el índice temático.
- Cardenal Carlo Maria Martini, SJ, *El evangelio de María*; Colección: El Pozo de Siquem. Santander, España: Editorial Sal Terrae, 2009.
- Cardenal James A. Hickey, *María al pie de la cruz: modelo de santidad y de vida*; Colección: El fondo de lo humano, 11. Valencia, España: Editorial Cultural y Espiritual Popular, S.L., 1991.
- Para oraciones a María, visite la sección "Oraciones Marianas" de la página http://www.aciprensa.com/Oracion/ de la Agencia Católica de Informaciones.

¿Cómo ha influido la Sagrada Escritura en su vida? ¿Le ayudó este libro en su estudio de la Biblia? Por favor, envíe sus comentarios, sugerencias y experiencias personales a Kevin Perrotta, General Editor, Trade Editorial Department, Loyola Press, 3441 N. Ashland Ave., Chicago, IL 60657.